Martine Salvi

Nous, les **enfants** de 1954

De la naissance à l'âge adulte

Éditions Wartberg

Mentions légales

Crédits photographiques :

Archives personnelles de l'auteure, pp. 7-8, 12-13, 15-17, 19-20, 25, 26h, 32, 34b, 36, 40, 47b, 51, 53, 63b.
D. R., pp. 30, 41, 45, 63h.
© Flammarion, Albums du père castor (La Chèvre de Monsieur Seguin, Alphonse Daudet ; Baba yaga), p. 22.
© Sudel, pp. 33, 34h.
© picture-alliance / akg-images / Paul Almasy, p. 46.
© Ullstein bild, pp. 4-6, 9-10, 14, 21, 24, 27-28, 47h ; Ullstein bild – dpa, pp. 11, 54 ; Ullstein bild – Nowosti, p. 23 ; Ullstein bild – Eschen, p. 37 ; Ullstein bild – Lehnartz, pp. 38-39 ; Ullstein bild – KPA, p. 44 ; Ullstein bild – NASA, p. 50 ; Ullstein bild – iT, p. 56 ; Ullstein bild – bpk / Enger, p. 57 ; Ullstein bild – Meller Marcovicz, pp. 58-59 ; Ullstein bild – united archives, p. 60.
© Roger-Viollet, pp. 18, 31, 35, 48-49 ; Oswald Perrelle / Roger-Viollet, p. 26b ; Alain Bonhoure / Roger-Viollet, p. 29 ; Bernard Lipnitzki / Roger-Viollet, p. 42 ; Studio Lipnitzki / Roger-Viollet, p. 62.

5e édition, 2013

40, rue de l'Échiquier
75010 Paris

Un département de
Wartberg Verlag GmbH &Co. KG.
Im Wiesental 1
34281 Gudensberg-Gleichen
Allemagne

Conception graphique : Ravenstein & partenaires, Verden.
Imprimé en Allemagne sur les presses de Thiele & Schwarz, Kassel.

ISBN : 978-3-8313-2554-2

Préface

Chers enfants de 1954,

Le milieu des années cinquante marque le début d'une longue période d'insouciance, de liberté et de changements, une parenthèse enchantée qui vit naître toute une génération d'enfants souriants, rêveurs et pleins de vie.

En écrivant ces lignes, me reviennent à l'esprit les paroles de la chanson d'Yves Montand, « Les Feuilles mortes » : « Je voudrais tant que tu te souviennes des jours heureux où nous étions amis. En ce temps-là, la vie était plus belle et le soleil plus brûlant qu'aujourd'hui… » Oui, en ce temps-là le soleil était plus brûlant et les étoiles, sans doute plus brillantes aussi. Là-haut, les États-Unis et l'URSS se livraient à une bataille sans merci pour prouver à la face du monde leur supériorité. Dix ans après la fin de la guerre, l'Europe jouissait d'une économie prospère. Tandis que la France devait faire face à son passé d'empire colonial, les jeunes prenaient leur avenir en main. Époque révolutionnaire s'il en est, les années de notre jeunesse furent ponctuées de mille et une découvertes qui changèrent à jamais le cours de l'histoire.

Difficile de ne pas se sentir nostalgique en se tournant vers son enfance et en repensant aux personnes que nous aimions et qui nous ont quittés depuis. Bien sûr, il y eut des événements tragiques, des larmes et des déceptions, mais la mémoire est bien faite, qui ne se souvient que des éclats de rire.

Martine Salvi

L'empire des sens

On découvre les joies du bain...

Cinéma Paradiso

Près de dix ans après la capitulation des Allemands, la joyeuse effervescence qui avait suivi la fin de la seconde guerre mondiale commençait à s'essouffler. L'heure était à la reconstruction. Les Français consacraient la plupart de leur temps au travail et ne se reposaient qu'en de rares occasions. Comme toute chose précieuse, les moments de loisirs se savouraient.

Dans le petit village provençal où vivaient mes parents, le dimanche matin était réservé à la messe. Qu'importait la foi, l'essentiel était de se rendre à l'église et surtout, d'y être vu. Pour les plus jeunes, l'office n'était pas seulement

Chronologie

1er février 1954
Alors que la France connaît un de ses hivers les plus froids et les plus meurtriers, l'abbé Pierre lance son célèbre appel sur Radio Luxembourg (future RTL).

7 mai 1954
Retranchées dans la région de Diên Biên Phu, les forces françaises tombent aux mains des troupes communistes du Viêt Minh et capitulent. Cette défaite marque la fin de la première guerre d'Indochine.

2 août 1954
La romancière Colette meurt à Paris. Un hommage national lui est rendu.

1er novembre 1954
Emmenés par le FLN (Front de libération nationale), les indépendantistes algériens entament la lutte armée contre l'occupant français. Une dizaine d'attentats sont perpétrés en Algérie, marquant le début de la guerre de décolonisation.

15 avril 1955
Ray Kroc ouvre son premier McDonald's à Des Plaines, dans l'Illinois.

11 juin 1955
Aux 24 Heures du Mans, un grave accident provoque la mort du pilote français Pierre Levegh et de plus de 80 spectateurs dans les tribunes.

1er octobre 1955
La Citroën DS, dessinée par Flaminio Bertoni, est présentée au Salon de l'automobile à Paris.

4 août 1956
Afin de financer les retraites, le gouvernement français crée une taxe sur les automobiles : la vignette. Elle sera supprimée par Laurent Fabius en 2000.

23 octobre 1956
Le statut de l'Agence internationale de l'énergie atomique (AIEA) est validé par 81 pays. Cette agence a pour mission de promouvoir la sûreté et la sécurité nucléaire ainsi que le développement des technologies nucléaires pour les usages pacifiques.

28 novembre 1956
Et Dieu… créa la femme, le premier film de Roger Vadim, sort sur les écrans français. Le mythe Bardot est né.

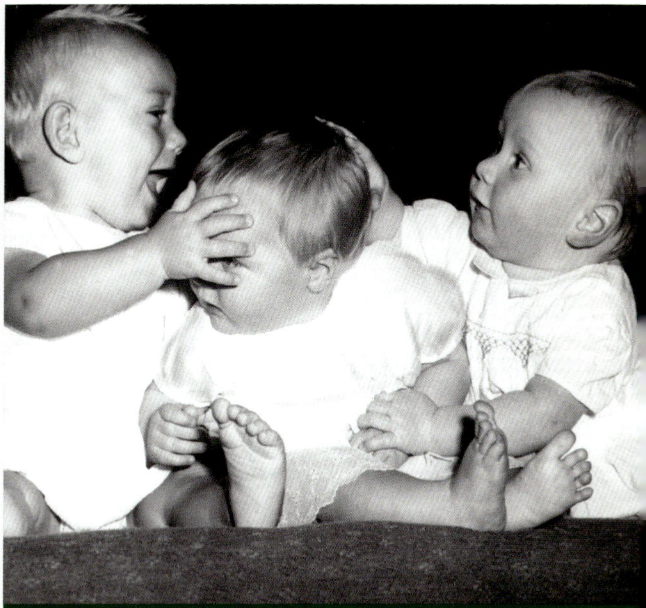

Tout petits, on sait déjà bien rigoler.

un mauvais moment à passer, il annonçait également le déjeuner dominical, repas copieux préparé avec le plus grand soin par les maîtresses de maison. Ce déjeuner était un moment de retrouvailles dans toutes les familles, mais aussi l'occasion de manger de la viande, considérée comme un aliment de fête tant son prix était élevé. Commandée chez le boucher du village en début de semaine, elle n'était livrée que le samedi. Les mères passaient alors leur journée à la cuisiner en sauce avec des herbes cueillies dans le maquis. La daube était l'un des plats préférés des tables provençales. On l'accompagnait généralement de quelques pommes de terre et d'une poignée de haricots verts. Le vin rouge était une constante de tous les repas, et il n'était pas rare que les enfants en boivent allongé d'eau.

Mon empire pour une sieste à l'ombre !

L'après-midi, chacun vaquait à ses occupations. Les privilégiés assistaient à la séance de 15 h du cinéma l'Odéon, dans la chaleur moite d'une salle qui ne comptait guère plus qu'une trentaine de places et quelques balcons convoités. On y projetait essentiellement des films noirs importés des États-Unis, précédés d'un ou deux cartoons. Depuis *Le Faucon maltais* (1941), ce courant cinématographique connaissait de beaux jours grâce à une recette magique, composée de femmes fatales, de crimes, de trahisons et de beaucoup de romanesque.

Pourtant, au début des années cinquante, un personnage incarné par Fernandel remplaça Humphrey Bogart et Lauren Bacall dans le cœur des cinéphiles du Sud : Don Camillo.

Créé en 1948 par Giovannino Guareschi, ce personnage connut un vif succès dans les années cinquante lorsqu'il fit son entrée dans le cinéma avec Julien Duvivier. Sorti en juin 1952, *Le Petit Monde de Don Camillo* mettait en scène les drôles de bagarres que se livraient le curé impétueux et le maire communiste d'un petit village italien baptisé Brescello. Ce premier opus et ses nombreuses suites (*Le Retour de Don Camillo* en 1953, *La Grande bagarre de Don Camillo* en 1955…) révélèrent surtout un duo mythique du cinéma franco-italien : Fernandel (Don Camillo) et Gino Cervi (Peppone).

Mes parents étaient de ceux qui préféraient le soleil des collines à l'obscurité des salles de cinéma. Ils passaient la majorité de leur temps libre à la « maraude », un mot chantant imaginé par les gens du coin pour désigner une activité pour le moins discutable : s'introduire dans les propriétés des plus riches exploitants agricoles pour leur voler des fruits et des légumes. Le véritable enjeu de ces escapades n'était pas tant le butin – souvent maigre – mais l'excitation qu'engendrait l'idée de pouvoir être pris en faute. Mes parents se rencontrèrent lors d'une « maraude » le premier jour de l'été 1952, et ne se sont plus quittés depuis.

Jour de fête

Quelques semaines après, c'est main dans la main qu'ils se présentèrent à la fête du village sous le regard mi-étonné, mi-courroucé de leurs familles respectives. Il s'agissait d'un véritable acte de rébellion : à l'époque, il était impensable de flirter ouvertement avant le mariage.

Le jour de la fête annuelle, on promène le bœuf à travers le village…

... avant de le faire rôtir sur la place principale.

Dans toutes les communes françaises, la fête annuelle, qui se déroulait généralement l'été, était une véritable institution. Repas, attractions foraines, concerts…

Pendant toute une journée, les contraintes de la semaine s'effaçaient comme par enchantement. Tout le monde riait et s'amusait de bon cœur en attendant la tombée de la nuit. Après le dîner, jeunes et moins jeunes ressortaient en direction de la salle des fêtes où un orchestre, des lampions colorés et des carafes remplies de limonade les attendaient. Sur les airs de Bing Crosby, Luis Mariano, Miles Davis et Bourvil, chacun s'y donnait à cœur joie et à pieds dansants.

Les enfants se déguisent en petits santons provençaux.

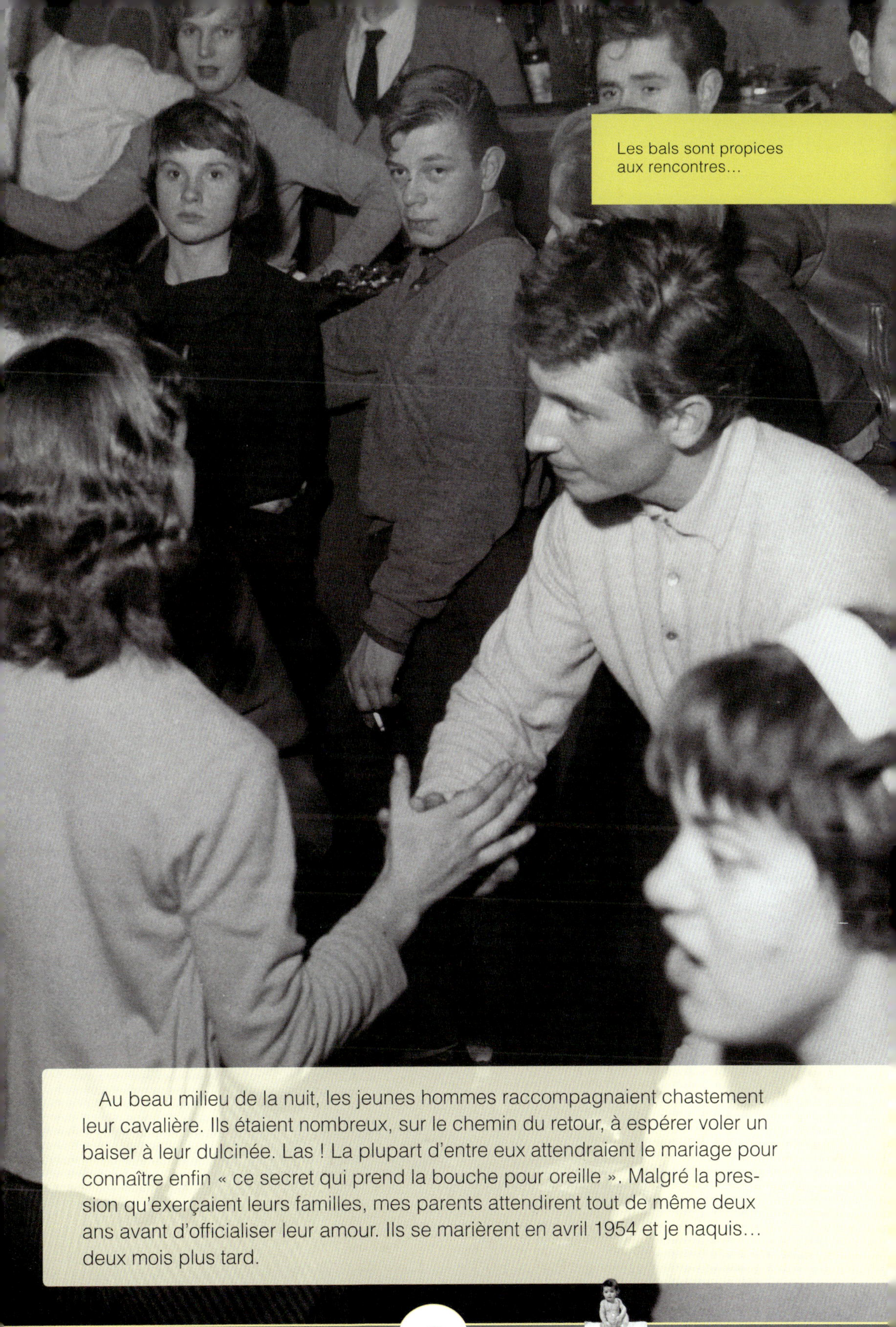

Les bals sont propices aux rencontres…

Au beau milieu de la nuit, les jeunes hommes raccompagnaient chastement leur cavalière. Ils étaient nombreux, sur le chemin du retour, à espérer voler un baiser à leur dulcinée. Las ! La plupart d'entre eux attendraient le mariage pour connaître enfin « ce secret qui prend la bouche pour oreille ». Malgré la pression qu'exerçaient leurs familles, mes parents attendirent tout de même deux ans avant d'officialiser leur amour. Ils se marièrent en avril 1954 et je naquis… deux mois plus tard.

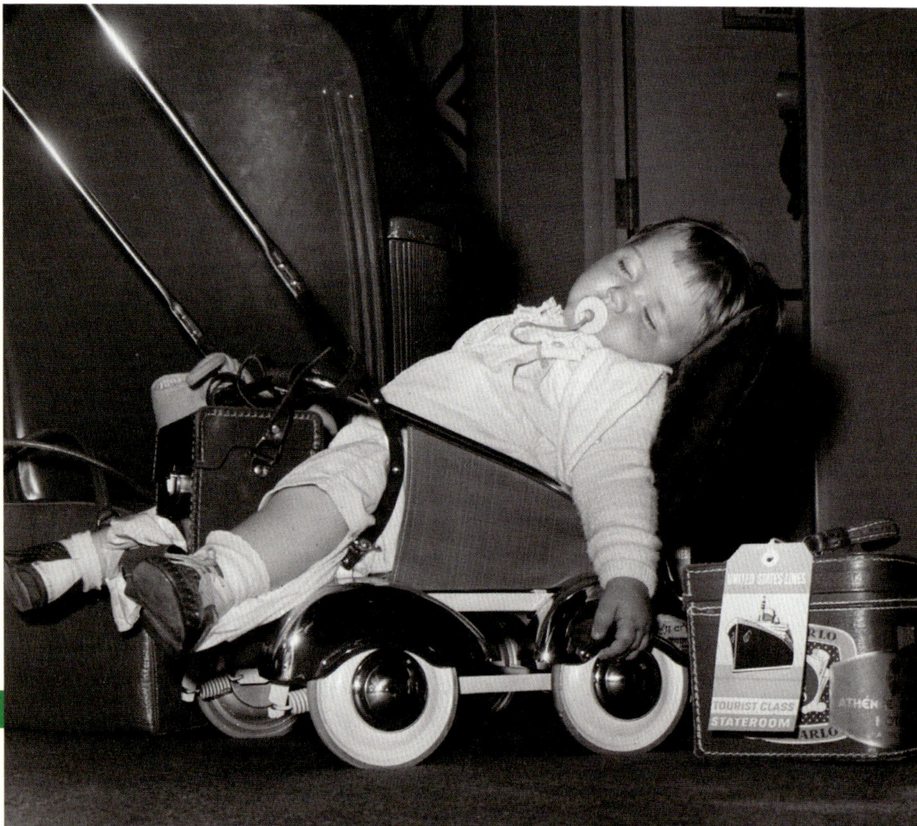

Un besoin urgent de vacances !

Douleurs de l'accouchement

L'année 1954 connut l'un des hivers les plus rudes du XXe siècle. Dans tous les pays d'Europe occidentale, la température descendit au-dessous de zéro et le Sud de la France ne fut pas épargné. En Provence, les oliviers gelèrent, ce qui ralentit considérablement la production d'huile de la région et poussa la plupart des hommes du village à prendre des congés forcés. Le jour de ma naissance, le 5 juin 1954, il faisait encore très froid, bien que le soleil commençât à réapparaître. Mon père était reparti travailler dans les collines tôt le matin pour tenter de récupérer le peu de récolte qui restait. Cette année-là, une étrange rumeur bruissait dans le milieu obstétrical : une méthode soviétique, inspirée des théories de Pavlov, permettrait aux femmes d'accoucher sans douleur. Des cours seraient même dispensés à la polyclinique des Bluets, à Paris. Ce qui n'était encore qu'un vague ouï-dire fut rapidement prouvé grâce au journaliste Louis Dalmas, qui filma le premier accouchement sans douleur – au terme duquel Gérard Vergne vint au monde.

Malheureusement, ma mère ne put profiter de cette méthode miraculeuse et souffrit terriblement lors de ma naissance.

Une époque touchée par la Grace

Les années cinquante voient apparaître le concept de « stars hollywoodiennes », beautés fatales made in USA. *Marilyn Monroe, Audrey Hepburn, Ava Gardner... Parmi toutes ces actrices, il en est une qui compte particulièrement dans le cœur des Français : Grace Kelly. Après avoir entamé une carrière discrète à la télévision, la belle rencontre son premier succès au cinéma en 1953, avec le film* Mogambo *de John Ford, dans lequel elle donne la réplique à Clark Gable. Déjà friands de raccourcis, les tabloïds de l'époque prêtent une idylle aux deux partenaires de jeu. Ni l'un ni l'autre ne démentent ces rumeurs... Si le film reçoit un accueil plus que mitigé, toutes les critiques s'accordent sur un point : le talent, la beauté et la classe naturelle de Grace Kelly crèvent l'écran. Nommée pour l'Oscar de la meilleure actrice, elle se voit décerner le titre de Meilleure comédienne du cinéma en 1953 par le célèbre magazine* Look. *L'année suivante, elle reçoit un Oscar pour son rôle dans le film de George Seaton,* Une fille de la province, *et fait une rencontre qui change le cours de sa vie : celle d'Alfred Hitchcock. Le maître du suspense la fait tourner dans* Le Crime était presque parfait *et ne tarit pas d'éloges sur sa nouvelle interprète fétiche : « Elle est un phénomène rare dans le cinéma : une* lady. *C'est une véritable actrice. [...] Elle suggère l'intelligence. » Suivront deux autres tournages :* Fenêtre sur cour *en 1954 et* La Main au collet *un an plus tard. Aux côtés d'Ingrid Bergman et de Tippi Hedren, Grace incarne à merveille la blonde hitchcockienne aux traits presque trop parfaits. Mais c'est en 1956 qu'elle entre définitivement dans la légende et dans le cœur des Français en épousant le prince Rainier III. Leur mariage religieux, célébré le 19 avril en la cathédrale de Monaco, est retransmis dans le monde entier. Renonçant à sa carrière d'actrice, Grace se consacre entièrement à son nouveau statut princier, donnant trois enfants à la couronne : Caroline, Albert et Stéphanie. En septembre 1982, alors qu'elle roule avec sa plus jeune fille sur les hauteurs de Monaco, elle perd le contrôle de sa voiture qui dévale une pente à pic pour s'immobiliser cinquante mètres plus bas. Stéphanie survit à ses blessures, mais l'accident est fatal pour la princesse. Le monde du cinéma, du rêve et du glamour est en deuil. En disparaissant, Grace emporte avec elle les plus beaux joyaux d'une époque.*

Avril 1956. Le prince Rainier III de Monaco épouse l'actrice américaine Grace Kelly.

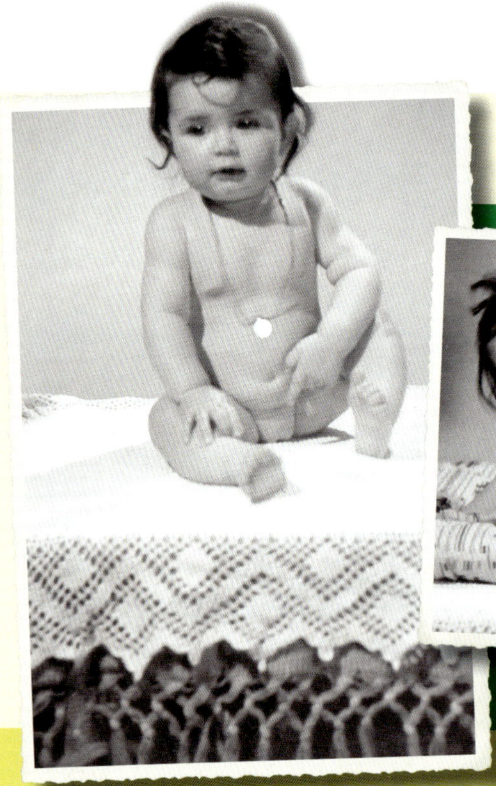

Le premier bébé de la famille.

L'huile de coude

Mon arrivée était très attendue. Mes parents, qui avaient déjà choqué bon nombre de bien-pensants, durent se marier en vitesse. En l'espace de quelques semaines, ma mère devint donc jeune épouse et jeune maman. Un double rôle éreintant qu'elle endossa sans se plaindre. Elle qui n'avait jamais travaillé avant ma naissance, dut soudain prendre en charge toutes sortes de tâches ménagères.

La plus complexe était celle du linge. À l'époque, le lave-linge ne s'était pas encore démocratisé et les mères de famille devaient se rendre au lavoir pour nettoyer nos vêtements dans une eau glacée.

Chaque fontaine du village est dotée d'un petit lavoir.

C'est une vieille voisine qui me gardait lorsque ma mère descendait au bassin. Bien entendu, nous étions alors très loin d'imaginer que les couches en plastique remplaceraient un jour les langes ! Le linge en tissu était lavé deux à trois fois par jour, ce qui donnait énormément de travail aux mères de famille. Dans les années cinquante, la famille était encore l'un des principaux piliers de la société française. Chacun y avait son rôle. Tandis que les pères redoublaient d'efforts pour faire vivre leur foyer, les mères restaient à la maison pour s'occuper des enfants et veiller au bien-être de leur mari. En 1954, seules 36,2 % des femmes de plus de quinze ans travaillaient. Toutes celles qui ne pouvaient pas se permettre de vivre sur un seul salaire, occupaient des postes d'ouvrières à l'usine, d'employées de bureau ou de vendeuses. D'autres encore exerçaient une profession avant de se marier et ne reprenaient leur activité qu'après avoir atteint quarante ans.

Les femmes préparent le repas pour toute la famille.

Comme tous les bébés de l'époque, j'étais emmaillotée de la tête aux pieds. Bon nombre de parents pensaient que c'était nécessaire pour maintenir les jambes des nourrissons bien droites. Avant ma naissance, ma mère avait confectionné des petits gilets en laine, bien utiles pour me tenir chaud. Mon armoire en était pleine car beaucoup d'amis de mes parents leur en avaient offert comme cadeau de naissance. C'était alors un présent très à la mode, bien que peu original – et on l'achetait rose pâle pour les filles, bleu layette pour les garçons. Il n'y avait pas encore de nuances foncées, et nous vivions dans un manichéisme de couleurs qui ne souffrait aucune concurrence.

La défaite de Diên Biên Phu contraint la France à se retirer d'Indochine.

La fin d'un empire

À partir des années cinquante, la France assiste, impuissante, à la déliquescence de son empire colonial. Le conflit avait éveillé le désir d'émancipation des mouvements nationalistes, bientôt renforcé par la reconnaissance du droit à l'autodétermination, cheval de bataille des Nations unies, qui prônaient alors le droit des peuples à disposer d'eux-mêmes. Refusant de céder ses colonies nourricières, la France tente de résister en entamant une longue guerre contre le Vietminh, qui avait proclamé l'indépendance de l'Indochine. Affaiblie par la défaite de Diên Biên Phu, elle finit par capituler en 1954 et abandonne sa colonie asiatique. La même année est créé le FLN (Front de libération nationale) algérien. Engagé contre la France coloniale, ce mouvement milite pour la création d'un État algérien démocratique et populaire. Sur le territoire algérien, les nationalistes multiplient les actions militaires contre les Français. La guerre est officiellement déclarée et des milliers de soldats envoyés sur le front. Le 13 mai 1958, l'insurrection des Français d'Algérie entraîne le rappel du général de Gaulle au pouvoir. Ce dernier réussit à mener à terme le processus de décolonisation, accordant à l'Algérie son indépendance par la signature des accords d'Évian en 1962.

Tous les hommes du village participent aux vendanges.

Ce petit chemin…

Mon père était ouvrier tanneur. Comme tous les hommes du village, il avait commencé à travailler dès l'âge de quatorze ans. Au lendemain de la guerre, on comptait près de six millions d'ouvriers en France, soit un tiers de la population active. Le syndicalisme occupait une place de plus en plus importante. En 1947 et 1948, les grèves se multiplièrent sous l'impulsion de mouvements tels que la CGT-Force Ouvrière et le PCF. La classe ouvrière entendait conserver son identité dans un contexte social difficile où l'inflation, le marché noir, les problèmes de logement et la faiblesse des salaires régnaient en maîtres. À l'instar de tous les ouvriers de France, mon père ne rechignait pas à la tâche. Je ne le voyais que rarement, dormant encore lorsqu'il frappait du sabot son premier morceau de peau, vers quatre heures du matin. Il ne rentrait à la maison que pour le déjeuner. L'après-midi, il repartait généralement dans la colline, au milieu des vignes, pour y travailler la terre.

À la campagne, le travail ne manquait pas. Alors que la population agricole était restée stable pendant la guerre, l'exode rural des années cinquante entraîna la perte de plus d'un million d'actifs masculins. Les jeunes partaient en masse vers la ville, où ils trouvaient généralement un emploi mieux payé dans le secteur industriel. Ceux qui avaient choisi de rester, comme mon père, n'avaient aucun mal à se faire embaucher auprès des propriétaires agricoles. Malgré l'accélération de la mécanisation, il fallait encore des mains robustes et des esprits laborieux. Et notre village en abondait.

Après le déjeuner, une fois mon père reparti, je faisais une grande balade avec ma mère sur les chemins ensoleillés : je découvrais le maquis, ses couleurs, ses bruits et ses odeurs.

Je portais des robes que l'on faisait confectionner sur mesure par une couturière du village. Le prêt-à-porter n'existait pas encore et nous nous rendions une fois par an dans une boutique spécialisée pour choisir sur patron les vêtements que nous porterions quelques mois plus tard. Nous étions nombreux à revêtir les « créations personnelles » de nos mères, qui nous valaient souvent des moqueries de la part des autres enfants. Les familles citadines aisées renouvelaient leur garde-robe plus régulièrement : manteaux bordés de fourrure, robes fleuries, gants de soie… La mode était réservée à une certaine élite sociale, où les petites filles étaient particulièrement coquettes.

Les paysans s'ouvrent aux nouvelles technologies.

Au coin du feu

La télévision n'est apparue dans notre foyer qu'à partir des années soixante. Quand bien même nous l'aurions eue avant, cela n'aurait pas changé grand-chose, car mis à part « La Vie des animaux » présentée par Claude Darget, les émissions ne me séduisaient guère. Je leur préférais de loin la campagne qui entourait notre village.

Les paysages provençaux me fascinaient d'autant plus qu'ils avaient été le théâtre de la Résistance pendant la seconde guerre mondiale. Nos parents nous racontaient des histoires fantastiques sur les « hommes de la R2 », réfugiés dans le maquis après 1943. En nous promenant à travers les collines, nous faisions un bond de quinze ans en arrière, imaginant les complots contre l'armée allemande, les embuscades, les sabotages, la préparation du débarquement de Provence en 1944... Et toujours, cette peur mêlée au sentiment de faire quelque chose de juste pour la France. À l'entrée du village, on trouvait une plaque commémorative à la mémoire de trois maquisards fusillés peu de temps avant la Libération. Un frisson d'angoisse m'envahissait à chaque fois que je passais devant.

Promenons-nous dans les bois...

Dans nos maisons, la cuisine faisait souvent figure de pièce unique : elle servait aussi de salle à manger, ce qui était très pratique pour nos mères qui pouvaient ainsi nous surveiller pendant qu'elles préparaient les repas. La salle de bains était un luxe réservé à seulement 15 % des foyers. À l'heure de la toilette, l'évier de la cuisine faisait donc souvent office de lavabo. Nous nous chauffions au bois, ramené de la colline et stocké pour tout l'hiver dans la remise en bas de la maison. Une grande cuisinière Chappée trônait au beau milieu de la pièce. Cette merveilleuse machine multifonctions servait à nous chauffer et à cuisiner, mais aussi à griller quelques amandes pour patienter avant le dîner. On récupérait la cendre sous la cuisinière, dans un petit réservoir prévu à cet effet, et on l'utilisait pour préparer les olives qui perdaient ainsi un peu de leur amertume.

Les pavés de Saint-Germain vs *le maquis provençal*

Le cœur de Paris bat au rythme d'une nouvelle philosophie importée d'Allemagne par Jean-Paul Sartre : l'existentialisme. Artistes et intellectuels de l'époque investissent les cafés et les caves de Saint-Germain-des-Prés. Les Deux Magots, la brasserie Lipp, le Bar Vert, le Flore, le Tabou, le Blue Note... lieux de rendez-vous de la vie mondaine, ces institutions étaient en journée les théâtres de discussions enflammées, et accueillaient la nuit les artistes de be-bop et de jazz venus de Nouvelle Orléans. Parmi ses habitués, le quartier comptait de nombreux auteurs (le couple mythique Sartre et Beauvoir, Albert Camus, Boris Vian, Samuel Beckett, Eugène Ionesco), mais aussi des chanteurs (Charles Trénet, Juliette Gréco, Léo Ferré, Georges Brassens, Guy Béart) et des musiciens (Sidney Bechet, Miles Davis, Duke Ellington). Ces légendes ont nourri de leur talent toutes les rues du VIe arrondissement parisien.

En marge de cette vie germanopratine, une autre personnalité a marqué de son empreinte les années cinquante. Exilé à Paris depuis 1922, Marcel Pagnol garde de son enfance à Aubagne un sentiment de nostalgie inaltérable. Le chant des cigales, les sources secrètes et le soleil de plomb de la Provence... autant de souvenirs qui nourrissent son œuvre et sa vie jusqu'à la fin de ses jours. Tour à tour dramaturge, romancier et cinéaste, Pagnol incarne à lui seul l'autre visage des années cinquante.

Le Café de Flore, haut lieu de la vie mondaine et intellectuelle.

Un nouveau monde !

À l'école maternelle, tout le monde se mélange.

Première rentrée des classes

Je suis entrée à l'école maternelle à l'âge de quatre ans. À l'époque les sections des tout-petits et des petits (deux et trois ans) n'existaient pas. Ce qui n'était jusqu'alors qu'un simple abri social réservé aux enfants issus des classes populaires, s'est vu confier une nouvelle mission au début des années cinquante.

L'école maternelle, désormais ouverte à tous, ne faisait plus seulement office de garderie, mais se devait de préparer les élèves à leur entrée en primaire. De plus en plus fréquenté, l'établissement de « première éducation » était le meilleur moyen de sociabiliser les enfants en mélangeant toutes les cultures et

Chronologie

13 janvier 1957
La société américaine Wham-O met au point un petit disque de plastique qui se lance d'une personne à l'autre : le frisbee est né.

25 mars 1957
Les traités de Rome instituant la Communauté européenne de l'énergie atomique (Euratom) et la Communauté européenne économique (CEE) sont signés par la France, la Belgique, la RFA, l'Italie, le Luxembourg et les Pays-Bas.

4 octobre 1957
Le premier satellite artificiel, baptisé *Spoutnik 1*, est envoyé dans l'espace par la fusée soviétique *R-7*.

17 octobre 1957
À quarante-quatre ans, l'écrivain français Albert Camus reçoit le prix Nobel de littérature.

30 janvier 1958
Désigné par Christian Dior comme son successeur, Yves Saint-Laurent présente sa première collection. La ligne « Trapèze » fait sensation.

28 septembre 1958
Près de 80 % des Français votent pour le référendum sur la Constitution de la Ve République, proposé par le général de Gaulle. Ce dernier est élu à la présidence de la République le 10 décembre de la même année.

6 janvier 1959
En France, la réforme Berthoin, du nom du ministre de l'Éducation nationale Jean Berthoin, prolonge la scolarité obligatoire jusqu'à seize ans.

29 octobre 1959
Sortie du premier numéro de *Pilote*, magazine consacré à la bande dessinée. Astérix le Gaulois, personnage imaginé par Goscinny et Uderzo, y fait sa première apparition.

25 novembre 1959
L'acteur français Gérard Philippe meurt à trente-six ans, à l'apogée de sa popularité.

2 décembre 1959
Les pluies diluviennes qui s'abattent sur le Sud-Est de la France entraînent la rupture du barrage hydroélectrique du Malpasset. Une vague de 40 mètres déferle sur la ville de Fréjus, faisant plus de 400 morts.

Toutes les petites filles ont une poupée fétiche.

toutes les couches sociales. Associant le jeu à l'apprentissage, il était lié dans l'esprit collectif à l'idée du bonheur et de l'épanouissement. L'école maternelle ne faisait pas encore partie de l'obligation scolaire, ce qui ne l'empêcha pas d'accroître considérablement ses effectifs à partir des années cinquante, passant de 9 000 classes avant la guerre à près de 50 000, vingt ans plus tard. L'urbanisation, la croissance du travail féminin, mais aussi la demande sociale expliquent cet essor.

Notre première rentrée des classes fut un véritable événement ! J'avais une robe spécialement conçue pour l'occasion, un tablier, et mes cheveux avaient été tressés (je préférais les avoir détachés comme ceux de ma poupée Emma).

Ce jour-là, nos parents nous accompagnèrent jusqu'à la grille de l'école. Certains enfants pleuraient, d'autres serraient très fort la main de leur mère – j'affichais quant à moi un large sourire.

Les garçons, c'est bête !

L'école était encore mixte pour les petits, ce qui ne serait plus le cas en primaire. Ma première rencontre avec les garçons fut complexe : je ne comprenais ni leurs jeux ni leurs ricanements imbéciles. Avec leur boule à zéro et leur tablier sombre, ils incarnaient la brutalité, les mauvaises manières et la bêtise affichée. Entre copines de maternelle, nous étions assez d'accord sur la question : « Les garçons, c'est bête ! », répétions-nous en cœur à longueur de journée.

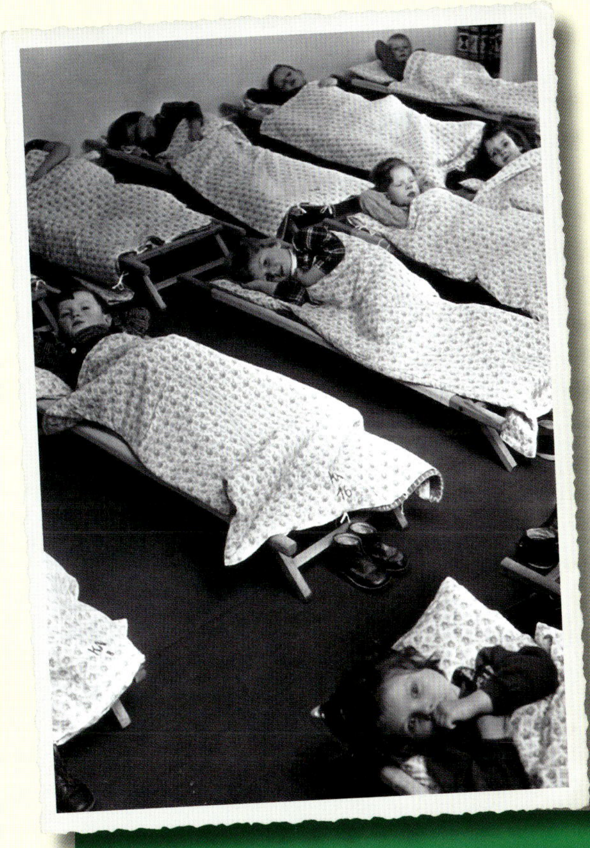

En maternelle, pendant la sieste, pas grand monde ne dort…

Notre salle de classe ressemblait à une caverne d'Ali Baba, regorgeant de jouets, de pots à crayons et de livres pour enfants. Les garçons avaient leur coin réservé dans lequel nous ne nous aventurions pas. Ils y jouaient essentiellement avec des voitures électriques et un jeu de construction Meccano déjà entièrement monté. De notre côté, nous nous amusions avec des pièces de Lego, mais aussi et surtout avec un comptoir de marchande en bois qui, une fois retourné, faisait office de cuisine miniature. Il y avait là tout le nécessaire pour les parfaites petites ménagères que nous étions : une dinette, de faux aliments en plastique et même des fiches recettes ! Nous pouvions ainsi préparer un bon repas à nos « filles », les poupées. Une dizaine étaient mises à notre disposition. Notre préférée fermait les yeux et disait « maman » quand on lui appuyait sur le dos. Nous passions l'essentiel de notre temps à nous la disputer pour pouvoir la coiffer, la déshabiller, la rhabiller et la déshabiller encore. Des grands-mères d'enfants de la classe avaient confectionné des petites robes spécialement pour cette poupée. Quant à nous, nous lui réalisions des colliers de perles bariolés.

Les jolies couvertures...

Le reste du temps, la maîtresse nous lisait des contes : *La Chèvre de Monsieur Seguin*, *Baba Yaga*, *Peau d'Âne*… autant d'histoires merveilleuses qui rythmèrent notre enfance.

Nous tâchions de dessiner nos personnages préférés en reproduisant les couvertures des livres cartonnés, mais il faut bien avouer que notre talent ne dépassait jamais nos ambitions…

C'est là, entre ces murs tapissés de dessins, que nous apprenions nos premières comptines. Ma préférée était *Une souris verte*. Je n'en comprenais pas bien les paroles, mais cela ne m'empêchait pas, au grand dam de mes parents, de la chanter à toutes les personnes qui venaient nous rendre visite. En début d'après-midi, la sieste était obligatoire pour tout le monde. Allongés sur des matelas à même le sol, certains versaient de grosses larmes de crocodile pour y échapper, tandis que les autres s'endormaient sagement, épuisés par leurs jeux de la matinée.

… de nos contes préférés.

La guerre des étoiles

La seconde guerre mondiale est suivie d'une longue période de tensions et de confrontations idéologiques comme politiques entre les États-Unis et l'URSS. Tandis que les deux superpuissances se livrent sur terre à une course aux armements, une autre bataille se joue dans les étoiles. Chacun voulant démontrer sa supériorité sur l'autre, l'espace devient un champ de bataille qu'il faut conquérir à tout prix. Cette lutte démarre le 4 octobre 1957, lorsque les Soviétiques lancent le premier satellite artificiel Spoutnik 1, une révolution dans le domaine astronautique. Le succès international rencontré par cette première spatiale irrite quelque peu les États-Unis, qui commencent à investir en masse pour rattraper leur retard.

À partir de cette date, les missions spatiales se succèdent. Un mois à peine après le lancement de Spoutnik 1, l'URSS crée de nouveau l'événement en mettant en orbite autour de la Terre le premier être vivant : Laïka. Si elle meurt quelques heures après le lancement, cette petite chienne fournit aux scientifiques de précieuses données sur les réactions des organismes vivants dans l'espace. Une expérience cruciale qui permet de préparer le terrain pour un programme bien plus ambitieux : envoyer un homme dans l'espace. Il n'aura pas fallu attendre longtemps pour que l'exploit soit réalisé. Le 12 avril 1961, le cosmonaute Youri Gagarine effectue le premier vol spatial habité à bord de la fusée Vostok 1. Les États-Unis ne tardent pas à riposter en mettant en place le programme Apollo. Créée en 1958, la NASA n'affiche qu'un seul objectif : conduire l'homme sur la Lune. Mission accomplie le 20 juillet 1969 avec Neil Armstrong, Edwin « Buzz » Aldrin et Michael Collins. Une caméra installée sur le hublot du module lunaire Eagle filme la sortie des astronautes. Un moment historique, gravé à jamais dans la mémoire des 500 millions de téléspectateurs et d'auditeurs qui le suivent en Mondovision.

Youri Gagarine est entré dans l'histoire en effectuant le premier voyage dans l'espace.

Un nid à microbes

L'école était située à l'autre bout du village, à côté du dispensaire où nous allions nous faire vacciner gratuitement. Les vaccins contre le tétanos et la diphtérie étaient obligatoires. Une excellente chose quand on sait que la loi sur la vaccination a contribué à réduire de façon considérable la mortalité due à certaines maladies infectieuses. Depuis 1950, le vaccin BCG contre la tuberculose était lui aussi obligatoire pour chaque enfant intégrant une collectivité. Il était administré à l'aide d'une bague munie de petites pointes recouvertes de tuberculine. Plus le médecin appuyait fortement sur le bras, plus la dose de vaccin était importante et l'injection efficace. Vaccinés à l'époque, nous gardons tous aujourd'hui sur l'épaule une cicatrice ronde qui s'est peu à peu estompée avec le temps.

Pour mes parents, l'école maternelle était synonyme de maladie. Ils craignaient constamment que j'attrape « un petit quelque chose » au contact des autres élèves. Il faut dire qu'en récréation, les enfants ne partageaient pas seulement leurs jeux et leurs bagarres, ils se transmettaient aussi pas mal de virus. À cette époque, les maladies étaient encore difficiles à traiter et nous clouaient au lit pendant de longues semaines, ce qui n'était pas pour arranger l'emploi du temps des foyers. Fort heureusement, les seuls « enquiquinements » que j'ai ramenés à la maison furent quelques lentes, que ma mère traita avec une mystérieuse poudre blanche qui me piquait les yeux. Pour régler définitivement le problème, elle décida un jour de me couper les cheveux au carré. Malgré mes crises de larmes, je ne pus échapper à cette nouvelle coiffure qui m'éloigna encore un peu plus de ma poupée.

Humphrey Bogart, légende d'Hollywood.

Et de deux !

En janvier 1957, nous avons appris la disparition d'Humphrey Bogart, emporté par un cancer de l'œsophage à l'âge de cinquante-sept ans.

Surnommé « Bogie », l'acteur américain était une figure mythique du grand écran et sa mort laissa un grand vide dans le paysage cinématographique de l'époque. Son allure de mauvais garçon, son sourire carnassier et ses yeux sombres firent fantasmer toute une génération de jeunes femmes. Si sa relation avec sa partenaire de jeu, Lauren Bacall, accrut sa notoriété, c'est avant tout sur les plateaux que Bogart construisit sa légende. Parmi ses plus beaux rôles, celui de Rick Blaine dans *Casablanca*, chef-d'œuvre de Michael Curtiz sorti en 1942 et régulièrement cité parmi les cinq meilleurs films de l'histoire du cinéma.

La famille s'agrandit !

Quant à moi, je venais d'effectuer ma deuxième rentrée scolaire à l'école maternelle lorsque ma sœur est née. À peine gazouillait-elle que je nous imaginais déjà partager le moindre de nos secrets.

Les journées de classe étaient bénies par ma mère qui pouvait ainsi se consacrer pleinement au bébé.

En rentrant de l'école, j'avais droit à mon goûter préféré : un morceau de pain dans lequel on plaçait un gros morceau de chocolat noir avant de l'enfourner dans la cuisinière à bois. Le chocolat fondait et le pain était encore chaud lorsque je l'attaquais. La madeleine de bien des enfants de cette génération...

La Fête des mères est instituée en 1950.

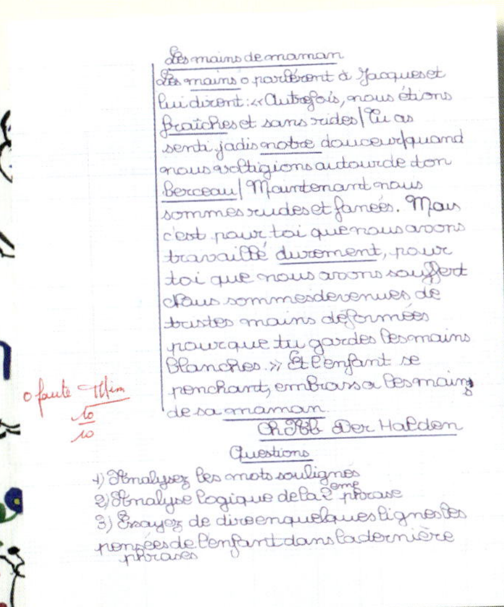

Les mains de maman

Les mains o parlèrent à Jacques et lui dirent : « Autrefois, nous étions fraîches et sans rides. Tu as senti jadis notre douceur quand nous voltigions autour de ton berceau. Maintenant nous sommes rudes et fanées. Mais c'est pour toi que nous avons travaillé durement, pour toi que nous avons souffert. Nous sommes devenues de tristes mains déformées pour que tu gardes les mains blanches. » Et l'enfant se penchant, embrassa les mains de sa maman.

Ch. Der Halden

o faute TB

10/10

Questions

1) Analysez les mots soulignés
2) Analyse logique de la 2ème phrase
3) Essayez de dire en quelques lignes les pensées de l'enfant dans la dernière phrase

Et elle sert (aussi) à faire culpabiliser les enfants.

Un petit village, un vieux clocher...

La ferme des jeux

Le mercredi était le jour des courses. Nous allions chez le boulanger et, plus rarement, chez le boucher. Puis dans une ferme, pour acheter du lait, du beurre et des œufs.

Ma mère m'avait dégoté un petit bidon en fer, copie miniature presque conforme au sien, que je tendais fièrement au fermier pour qu'il le remplisse. Nous étions nombreux à venir nous y fournir et la file d'attente était longue. Pour tuer le temps, nous nous amusions avec les autres enfants à pourchasser les poules et à nous lancer un terrible défi : se rapprocher le plus possible des vaches qui broutaient la paille de l'enclos. Je parvins une seule fois à en toucher une du bout des doigts, mais fus arrêtée net par le fils du fermier qui alla tout répéter à ma mère – et je reçus la seule correction de ma vie. Dans les villages, il n'y avait que très peu de commerces. Plusieurs cafés servaient à boire, mais un seul vendait du tabac et des cigarettes. La vie dans les grandes villes était totalement différente. Les boutiques se multipliaient à mesure que le taux de la population urbaine augmentait. Si les premiers supermarchés n'apparurent que dans les années soixante, les magasins commencèrent à s'agrandir bien avant.

Pharmacie, poste, tailleur, coiffeur… de nouveaux services étaient proposés aux nouvelles générations. Le jour du marché, les fermiers venaient vendre des produits frais aux citadins, qui profitaient de leur sortie pour s'arrêter boire un verre au café. Toutes les brasseries de l'époque possédaient une cabine téléphonique. Il fallait tourner une manivelle pour contacter une standardiste, qui se chargeait de nous mettre en communication avec notre correspondant.

Intérieur des grands magasins du Printemps, à Paris.

Le retour des frous-frous

L'après-guerre marque l'avènement de l'élégance. Les femmes, qui ont endossé le rôle et l'uniforme de leur mari pendant le conflit, sont à la recherche de féminité et de tenues structurées susceptibles de sublimer leurs formes généreuses tout en resserrant leur taille de guêpe. Il faut avant toute chose suggérer le désir, et Christian Dior l'a bien compris. En 1947, le créateur présente sa première collection haute couture et lance le style New Look, baptisé ainsi par Carmel Show, la rédactrice en chef du très huppé Harper's Bazaar. *En voyant les nouveaux modèles de Dior, elle se serait exclamée : « Dear Christian, your dresses have such a new look ! » (« Cher Christian, vos robes ont un style si nouveau ! ») Cette nouvelle mode fait sensation et sera maintes fois copiée.*
La silhouette des années cinquante se caractérise donc par une taille marquée, des épaules rondes et de longues jupes ondulantes. Les créateurs utilisent des quantités de tissu plus que généreuses dans un souci purement esthétique. Les soucis de rationnement sont déjà loin...
Dans le même temps, la maison Chanel, qui a cessé ses activités pendant la guerre, refait parler d'elle. Pour contrer les femmes Corolle de Christian Dior, Coco Chanel lance en 1954 son fameux petit tailleur. Moins glamour, mais plus en phase avec le nouveau rôle que jouent les femmes dans la société, la mode passe aux lignes droites. Après Givenchy et ses robes Sack, Yves Saint Laurent crée à son tour la sensation avec sa collection Trapèze, suivie quelques mois plus tard par les modèles Empire. Les femmes s'émancipent de plus en plus, affichant de façon paradoxale un look strict, presque trop sévère. Il faudra attendre la fin des années cinquante pour que les robes commencent à se raccourcir, signe annonciateur d'un phénomène majeur des sixties : la mini-jupe.

Dior démocratise la féminité.

L'attentat de l'Observatoire

L'affaire fait les gros titres de tous les journaux du 16 octobre 1959. François Mitterrand, sénateur de la Nièvre et ancien ministre d'État sous le gouvernement de Guy Mollet, se serait fait agresser en rentrant chez lui dans la nuit du 15 au 16 octobre. En portant plainte contre X pour « tentative d'assassinat », l'homme politique raconte sa version des faits à la police : vers minuit et demi, alors qu'il se trouvait au volant de sa Peugeot 403, Mitterrand repère une voiture qui semble le suivre. À hauteur des jardins de l'Observatoire, il arrête son véhicule et se réfugie derrière un buisson. Dans le même temps, une rafale de mitraillette s'abat sur sa voiture.

Une enquête est ouverte sur la base de ces déclarations. Rapidement, les soupçons se tournent vers les partisans de l'Algérie française. Dans la presse, Mitterrand accuse directement certains groupes extrémistes. Une semaine plus tard, l'affaire de l'Observatoire se transforme en scandale lorsque le journal Rivarol *publie le témoignage de Robert Pasquet. Ancien député gaulliste, proche de l'extrême droite, ce dernier avoue dans une interview être l'auteur de l'attentat, organisé par Mitterrand lui-même dans le but de regagner les faveurs de l'opinion publique. Le juge inculpe Pasquet et deux de ses comparses, et demande la levée de l'immunité parlementaire de l'élu de la Nièvre parce qu'il a caché ses relations avec les auteurs de l'attentat. Amnistie, renvoi en correctionnelle, cour de cassation … les rebondissements judiciaires se poursuivent pendant de longues années, mais l'affaire est peu à peu oubliée. François Mitterrand n'a jamais reconnu avoir commandité l'attentat, et a poursuivi sa carrière politique sans être inquiété outre mesure.*

François Mitterrand sera au cœur de l'enquête sur l'attentat de l'Observatoire.

My heart belongs to daddy

Les écoliers devaient recopier sur leur cahier d'écriture les modèles affichés au tableau noir.

Pleins et déliés

Deux ans plus tard, j'entrais à l'école élémentaire que nous appelions « la grande école ». L'année scolaire commençait le 1er octobre et se terminait le 14 juillet. Dans les grandes villes, les enfants du baby-boom surchargeaient les classes qui comptaient souvent près de quarante élèves. Ce n'était pas le cas à la campagne et en particulier dans mon école où nous étions une petite quinzaine par niveau. Tous les matins étaient consacrés à l'apprentissage de l'écriture. L'institutrice vouait un véritable culte à la calligraphie.

Nous écrivions à l'encre violette avec un porte-plume au bout duquel était fixée une plume Sergent Major. La délicate maîtrise des pleins et des déliés demandait un travail minutieux : il fallait descendre en écrasant la plume puis

Chronologie

1er janvier 1960
Souhaité par le général de Gaulle, le nouveau franc entre en vigueur. Il vaut cent anciens francs.

13 février 1960
La France procède à son premier essai nucléaire. Baptisée « Gerboise bleue », une bombe A d'une puissance de 70 kilotonnes explose dans le désert du Sahara.

4 avril 1960
Simone Signoret remporte l'Oscar de la meilleure actrice pour son interprétation dans le film *Les Chemins de la haute ville* de Jack Clayton.

12 avril 1961
Le cosmonaute soviétique Youri Gagarine décolle à bord du vaisseau spatial *Vostok*. Il est le premier homme à effectuer un vol dans l'espace.

18 mars 1962
La France et le gouvernement provisoire de la République algérienne formé par le Front de libération nationale (FLN) signent les accords d'Évian. Un cessez-le-feu est appliqué dès le lendemain en Algérie, mettant fin à huit ans de guerre.

5 août 1962
Marilyn Monroe est retrouvée morte à son domicile de Brentwood, à Los Angeles. Le rapport du médecin légiste conclut au suicide.

11 octobre 1963
Jean Cocteau meurt le même jour que son amie Édith Piaf.

22 novembre 1963
En voyage officiel à Dallas, le président John F. Kennedy est assassiné d'une balle dans la tête.

28 août 1963
Martin Luther King prononce son discours « I Have a Dream » pendant la Marche vers Washington pour le travail et la liberté.

12 juin 1964
Nelson Mandela et sept autres membres de l'African national congress (ANC) sont condamnés à la prison à perpétuité pour trahison.

19 décembre 1964
Les cendres de Jean Moulin sont transférées au Panthéon.

Les images des « bons points » ressemblent à celles de notre livre de *Leçons de choses*.

remonter en la soulevant légèrement. Nos bureaux en bois étaient loin d'être lisses, et il nous fallait ajouter un petit morceau de carton sous notre feuille pour écrire correctement. Une fois les lignes d'écriture remplies, nous séchions l'encre avec un papier buvard. En fin de journée, tous les élèves avaient les doigts tachés d'encre violette, et nos tabliers en étaient également maculés. Taches qu'il était évidemment très difficile de faire partir et qui exigeaient souvent de recourir à l'eau de javel. Pour encourager nos efforts, notre maîtresse nous distribuait régulièrement des « bons points ». De couleur saumon, ces petits cartons étaient décorés d'images différentes que nous collectionnions, au grand bonheur de nos parents.

En classe, la discipline, le respect et le silence sont rois.

Peau de vache

La maîtresse qui s'occupait des classes de CE1 et CE2 s'appelait Madame Bourillon : « Madame Brouillon », « Bouillon », ou plus fréquemment « Peau de vache »... nous l'avions affublée de tous les surnoms les plus méchants qui traversaient nos esprits malins. Elle était très sévère, et un épisode m'a particulièrement marquée. L'histoire et la géographie étaient les deux matières que je détestais le plus et j'apprenais souvent mes leçons en dilettante. Convoquée par l'institutrice, pensant dédramatiser la situation, ma mère avait prétendu que je préférais la lecture du *Journal de Mickey* à celle des leçons de géo. Que n'avait-elle donc pas dit ! La maîtresse trouva en cette anecdote le moyen idéal de se moquer de moi pendant tout le reste de l'année. Elle ne ratait pas une occasion pour la ressortir.

Les petites filles mettent leurs plus beaux habits pour se rendre à la messe.

L'école primaire avait des règles de discipline très strictes que chacun suivait à la lettre. Notre maîtresse n'hésitait pas à nous tirer les cheveux ou à nous taper sur les doigts avec une longe règle en bois. Les mauvais élèves étaient régulièrement envoyés au piquet, dans un coin de la classe, le dos tourné aux autres élèves. Ils pouvaient y rester pendant de longues heures.

L'école des années soixante était le royaume du silence. Les adultes répétaient sans cesse : « Vous n'avez qu'un droit, c'est celui de vous taire. » Les enfants devaient obéir, écouter et surtout, ne pas répondre. Toute punition était forcément méritée puisque les adultes avaient toujours raison. Chaque journée commençait par une leçon de morale que la maîtresse écrivait au tableau et que nous recopions sur nos cahiers. Lorsque nous étions punis, nous devions écrire cette phrase cent fois. Une méthode impitoyable, mais aussi très efficace pour l'apprendre définitivement !

À cette époque, la plupart des enfants suivaient un enseignement religieux. La grande majorité des Français était d'obédience catholique. Le jeudi, jour où nous n'avions pas école, nous nous rendions à l'église pour nos cours de catéchisme.

Le prêtre nous parlait de Dieu pendant toute la matinée et, l'après-midi, nous devions – en plus de nos leçons ! – apprendre par cœur plusieurs prières et paraboles. Comme à l'école, il y avait des interrogations et des récompenses. Il fallait être parfaitement prêt pour la communion solennelle qui réunirait toutes les familles. Dans les grandes villes, certains enfants issus des milieux favorisés étaient inscrits dans des écoles privées qui ne dépendaient pas de l'État, étaient payantes, et généralement catholiques. Tout comme l'enseignement religieux, l'enseignement général y était dispensé par quelques instituteurs laïcs, mais surtout, par des nonnes. Il n'était pas rare que les élèves du privé doivent assister à deux messes par semaine, sans compter celle du dimanche, à laquelle ils se rendaient en uniforme.

On ne zappe pas !

Jusqu'à la fin de l'année 1974, la télévision française est encore placée sous le monopole de l'État. L'ORTF, créée en 1964, ne compte que trois chaînes, soumises aux contraintes imposées par le gouvernement. Nous sommes alors très loin de la télévision d'aujourd'hui. Les émissions sont calibrées en fonction des moyens financiers et de la censure étatique. Pourtant, c'est à cette époque que les premières séries télévisées font leur apparition en France. Inspirées des genres historique et policier, elles prennent souvent la forme de romans-feuilletons. Le 3 novembre 1963, « Thierry la Fronde » est diffusé pour la première fois. Cette série, mettant en scène l'acteur belge Jean-Claude Drouot, a marqué les esprits de toute une génération. Son thème musical, mêlant le son d'un cor de chasse et le trot d'un cheval, a sans doute concouru au succès des 52 épisodes du feuilleton. Parmi les séries télévisées diffusées dans les années soixante, nombre d'entre elles ont connu plus tard une seconde vie au cinéma. Vidocq, Jacquou le Croquant ou encore Belphégor sont autant de personnages entrés dans l'histoire de la télévision et dans la mémoire collective. Également très prisées par les téléspectateurs, les séries policières ne ressemblaient en rien aux aventures de Jack Bauer, le héros de 24 h 00. Pourtant, « Les Enquêtes du Commissaire Maigret » et « Les Cinq dernières minutes » ont ouvert la voie à toute une génération de programmes télévisés.

Marc VINCENT
agrégé d'histoire,
professeur à l'Ecole Normale
d'instituteurs de Paris

Emile PRADEL
directeur de l'Ecole annexe
de l'Ecole Normale
d'instituteurs de Paris

HISTOIRE
DE FRANCE
COURS MOYEN

ILLUSTRATIONS DE PIERRE NOEL
CARTOGRAPHIE DE G. BAHRY

SOCIÉTÉ UNIVERSITAIRE
D'ÉDITIONS ET DE LIBRAIRIE
5, rue Palatine, PARIS-VIe

Une certaine idée de l'histoire de France.

Par Toutatis !

Nos résultats scolaires tombaient tous les deux mois : notes et appréciations figuraient sur une simple feuille cartonnée, pliée en deux. Ce moment était très redouté par les plus cancres d'entre nous, qui imaginaient déjà la réaction de leur père à la vue de leurs mauvais résultats. Car si nos mères s'occupaient de nous, nos pères, eux, détenaient l'autorité suprême, signaient les carnets de notes et

distribuaient, si besoin, les fessées.
L'école réservait une place importante à l'apprentissage de l'histoire de France. Nos livres étaient remplis de textes à la gloire de l'Hexagone, détaillant notamment le « rôle positif » de la colonisation. Mais ces panégyriques furent bientôt remplacés par un tout autre discours. En l'espace de quelques années, la question coloniale se transforma en problème sur lequel il ne fallait guère s'étendre. Elle disparut donc tout bonnement de nos manuels.

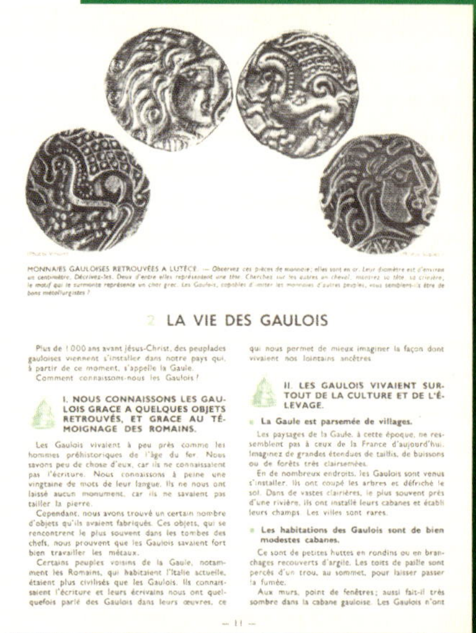

MONNAIES GAULOISES RETROUVÉES A LUTÈCE. — Observez ces pièces de monnaie; elles sont en or. Leur diamètre est d'environ un centimètre. Décrivez-les. Deux d'entre elles représentent une tête. Cherchez sur les autres un cheval, montrez sa tête, sa crinière, le motif qui le surmonte représente un char grec. Les Gaulois, capables d'imiter les monnaies d'autres peuples, vous semblent-ils être de bons métallurgistes ?

2 LA VIE DES GAULOIS

Plus de 1 000 ans avant Jésus-Christ, des peuplades gauloises viennent s'installer dans notre pays qui, à partir de ce moment, s'appelle la Gaule.
Comment connaissons-nous les Gaulois !

I. NOUS CONNAISSONS LES GAULOIS GRACE A QUELQUES OBJETS RETROUVÉS, ET GRACE AU TÉMOIGNAGE DES ROMAINS.

Les Gaulois vivaient à peu près comme les hommes préhistoriques de l'âge du fer. Nous savons peu de chose d'eux, car ils ne connaissaient pas l'écriture. Nous connaissons à peine une vingtaine de mots de leur langue. Ils ne nous ont laissé aucun monument, car ils ne savaient pas tailler la pierre.
Cependant, nous avons trouvé un certain nombre d'objets qu'ils avaient fabriqués. Ces objets, qui se rencontrent le plus souvent dans les tombes des chefs, nous prouvent que les Gaulois savaient fort bien travailler les métaux.
Certains peuples voisins de la Gaule, notamment les Romains, qui habitaient l'Italie actuelle, étaient plus civilisés que les Gaulois. Ils connaissaient l'écriture et leurs écrivains nous ont quelquefois parlé des Gaulois dans leurs œuvres, ce qui nous permet de mieux imaginer la façon dont vivaient nos lointains ancêtres.

II. LES GAULOIS VIVAIENT SURTOUT DE LA CULTURE ET DE L'ÉLEVAGE.

La Gaule est parsemée de villages.

Les paysages de la Gaule, à cette époque, ne ressemblent pas à ceux de la France d'aujourd'hui. Imaginez de grandes étendues de taillis, de buissons ou de forêts très clairsemées.
En de nombreux endroits, les Gaulois sont venus s'installer. Ils ont coupé les arbres et défriché le sol. Dans de vastes clairières, le plus souvent près d'une rivière, ils ont installé leurs cabanes et établi leurs champs. Les villes sont rares.

Les habitations des Gaulois sont de bien modestes cabanes.

Ce sont de petites huttes en rondins ou en branchages recouverts d'argile. Les toits de paille sont percés d'un trou, au sommet, pour laisser passer la fumée.
Aux murs, point de fenêtres; aussi fait-il très sombre dans la cabane gauloise. Les Gaulois n'ont

— 11 —

La vie (fascinante) des Gaulois.

Parmi les leçons que nous apprenions, il y avait celles concernant les Gaulois. J'étais fascinée par la vie de ce peuple et par les mystères qui l'entouraient : les druides, les potions magiques, la légende du gui…

Devant tant d'intérêt, mes parents décidèrent de m'offrir le premier album d'Astérix le Gaulois, paru en juillet 1961. Un véritable investissement puisque le premier tirage n'avait été édité qu'à 6 000 exemplaires – en plus d'être cher, il était difficile à trouver.

Par la suite, Goscinny et Uderzo publièrent un nouvel album chaque année. Je les recevais en cadeau à Noël et bénissais en secret ce mystérieux Père Noël qui connaissait si bien mon goût en matière de bandes dessinées. J'adorais également les aventures des personnages du *Journal de Spirou*, hebdomadaire franco-belge créé en 1938 par l'éditeur Jean Dupuis. Outre les intrigues de Spirou lui-même, je découvrais entre ces pages la maladresse de Gaston Lagaffe, les schtroumpferies des Schtroumpfs et les blagues puériles de Boule et Bill. Ma mémoire de « bédéphile » garde enfin un souvenir tendre et joyeux des trois voyous des Pieds Nickelés, Croquignol, Filochard et Ribouldingue, qui faisaient rire tous les enfants depuis plus de cinquante ans déjà.

Les déjeuners du dimanche à la campagne.

Tour de France 1964. Poulidor et Anquetil sont au coude à coude. Comme d'habitude.

Poulidor et Anquetil : le duel au sommet

12 juillet 1964. Alors qu'un soleil de plomb s'abat sur les pentes du puy de Dôme, deux hommes s'affrontent lors de la vingtième étape du Tour de France, pour ce qui restera dans l'histoire comme l'un des plus grands duels sportifs du XXe siècle. Le peloton est déjà loin derrière. Jacques Anquetil et Raymond Poulidor sont au coude à coude, leurs sueurs semblent se mélanger. En fin d'ascension, Poulidor distance son adversaire qui parvient toutefois à sauver les quatorze secondes lui permettant de garder son maillot jaune. La rivalité des deux champions rythme le monde du cyclisme pendant de longues années et divise la France en deux : d'un côté les « anquetilistes », tendance moderne et citadine, de l'autre les « poulidoristes », branche attachée au passé, aux traditions et au terroir. Malgré son talent et son immense popularité, Poulidor, baptisé « Poupou », n'a jamais remporté le maillot jaune et est resté dans l'histoire comme l'éternel second d'Anquetil, quintuple vainqueur du Tour de France. Les deux adversaires, qui se vouent en secret une admiration réciproque, finissent par se réconcilier sur le tard. À Poulidor venu lui rendre visite quelques jours avant sa mort, Jacques Anquetil aurait lancé sur le ton de la plaisanterie : « Tu vois, tu termineras encore deuxième. »

L'odeur de la colle Cléopâtre

Cette époque reste également liée au souvenir de la colle blanche Cléopâtre que nous utilisions en classe. Elle se présentait sous la forme d'un petit pot coloré, troué en son milieu. Nous l'étalions à l'aide d'une languette accrochée au couvercle. Composée de farine et d'huile d'amande amère, elle sentait tellement bon qu'on en aurait mangé. Et c'est d'ailleurs ce que nous faisions ! Les pots se vidaient à grande vitesse. Malheureusement, ils finirent par disparaître au profit de la colle en tube Scotch que nous apprîmes également à détourner en l'étalant sur le dos de notre main. Une fois sèche, elle formait une petite pâte que nous nous amusions à mâcher comme un chewing-gum. Ces étranges habitudes gustatives ont marqué l'esprit et le palais de toute une génération d'écoliers.

Un kilomètre à pied, ça use…

Rares étaient les villageois qui possédaient une voiture. Certes, certains véhicules populaires commençaient à être commercialisés, comme la 4CV Renault et la 2CV Citroën, mais leur prix élevé les rendait encore inaccessibles à la classe ouvrière. Au village, seuls le médecin et le notaire roulaient en voiture – les autres se déplaçaient à bicyclette. En 1949, la première « mobylette » fut présentée au Salon de l'automobile à Paris, mais fallu attendre encore plusieurs années avant que la « bécane » se démocratise en France. À partir des *sixties*, certains jeunes du village, des garçons évidemment, paradaient avec dans la rue principale en faisant le maximum de bruit avec leur moteur. Ma mère les

Repas en famille.

Les tournois de billes rythment les récrés.

avaient baptisés « les kakous de guerre » car le bruit de leur engin lui rappelait les « tromblons » qui l'avaient traumatisée pendant la seconde guerre mondiale.

Pour les enfants, le trajet de l'école à la maison se faisait à pied, quatre fois par jour ! Comme il n'y avait pas de cantine, nous redescendions tous les midis pour déjeuner avec nos parents.

À l'école, pendant la récréation, les filles jouaient à la marelle, au houla hoop ou à la course, tandis que les garçons s'affrontaient au Jokari – socle en bois auquel était accroché par un élastique une balle en mousse – et organisaient des tournois de billes.

Un jour, alors que je m'apprêtais à atteindre « le ciel » de la marelle, une bille perdue me fit perdre l'équilibre et je m'étalai de tout mon long en plein milieu de la cour. Mes genoux et mes coudes écorchés me faisaient terriblement mal et pourtant, je ne pensais qu'à une chose : la honte que cette satanée bille m'avait infligée devant tous mes camarades de classe.

Des policiers de RDA dirigent la destruction d'immeubles de la Bernauerstraße à Berlin, pour permettre la construction du Mur.

La honte pierre après pierre

Au sortir de la guerre, l'Allemagne est divisée en trois, puis quatre zones d'occupation. Les Alliés se sont partagé le gâteau lors de la conférence de Yalta en février 1945. Deux ans plus tard, la République fédérale d'Allemagne (RFA) est créée dans les zones britannique, américaine et française, suivie de près par la République démocratique allemande (RDA), sous administration soviétique. La création de ces deux États signe la division politique du pays. La RFA accueille alors une vague d'immigration venue de RDA, que près de trois millions d'Allemands fuient via Berlin *entre 1949 et 1961. Pour remédier au problème, l'Est prépare en secret un dispositif militaire de « protection antifasciste » : la construction d'un mur censé séparer définitivement les deux États. Dans la nuit du 12 au 13 août 1961, les premiers éléments sont posés par des maçons et des volontaires, sous la protection et la surveillance de policiers et de soldats soviétiques. Le « Mur de la honte » ne sera détruit que dans la nuit du 9 au 10 novembre 1989, entraînant dans sa chute tout un pan du XX*e *siècle.*

Esprits rebelles

La classe de latin du collège.

Rosa, rosa, rosam…

J'ai fait mon entrée au collège par la « grande porte » – autrement dit la filière classique. Les enfants qui avaient connu davantage de difficultés en primaire intégraient une filière moderne qui ne dispensait pas de cours de latin. Aussi étrange que cela puisse paraître, nous étions quelques uns à adorer cette matière, et à reprendre en cœur avec Jacques Brel le refrain de sa chanson « Rosa », sortie en 1962 : « Rosa, Rosa, Rosam, Rosae, Rosae, Rosa… ».

L'enseignement secondaire, jusqu'alors réservé à une petite élite, était désormais accessible à tous les milieux socioculturels. De nombreux esprits conservateurs se battaient pour conserver l'apprentissage obligatoire du latin et des humanités classiques, et il fallut attendre les événements de Mai 68 pour que les mentalités évoluent. La première victime de ces changements ? Le latin. La

Chronologie

20 mars 1965
France Gall remporte l'Eurovision avec une chanson signée Serge Gainsbourg, « Poupée de cire, poupée de son ».

13 juillet 1965
En France, une nouvelle loi permet aux femmes de travailler sans l'accord de leur mari et de gérer leurs biens librement.

29 octobre 1965
Medhi Ben Barka, leader de la gauche marocaine et principal opposant au roi Hassan II, est enlevé en plein cœur de Paris. Il sera torturé à mort.

24 janvier 1966
Un Boeing 707 de la compagnie Air India s'écrase sur le massif du mont Blanc. À son bord, 117 passagers. Il n'y a aucun survivant.

7 mars 1966
Le général de Gaulle adresse une lettre au président américain Lyndon B. Johnson pour l'informer de son intention de retirer les forces françaises des commandements intégrés de l'Organisation du traité de l'Atlantique nord (OTAN).

13 juillet 1967
L'Agence nationale pour l'emploi (ANPE) est créée sous l'impulsion de Jacques Chirac, alors secrétaire d'État à l'Emploi dans le gouvernement Pompidou.

9 octobre 1967
Le guérillero argentin Ernesto « Che » Guevara est exécuté dans l'école de La Higuera, en Bolivie.

28 décembre 1967
L'Assemblée nationale adopte le projet de loi Neuwirth légalisant la contraception.

29 avril 1968
La série d'animations de Jacques Roussel, « Les Shadoks », est diffusée chaque soir sur l'ORTF. Elle divise les Français et constitue l'un des premiers grands sujets polémiques de la télévision.

Mai 1968
Enclenché par une révolte des étudiants parisiens, rapidement suivis par la classe ouvrière, le plus grand mouvement social du XXe siècle en France éclate.

tia [en Gaule] : Cic. *Font. 18* ‖ **Dŏmĭtia lex**, loi Domitia : Cic. *Agr. 2, 18.*

1 **Dŏmĭtĭānus**, *a, um*, de Domitius : Cæs. *C. 1, 16* ‖ de Domitien : *Domitiana via* Stat. *S. 4, præf; 4, 3*, la voie Domitienne [de Rome à Literne].

2 **Dŏmĭtĭānus**, *i*, m., Domitien [douzième empereur de Rome] : Suet. *Dom.*

DOMITIANUS

Dŏmĭtilla, *æ*, f., nom de femme : Inscr.

1 **dŏmĭtĭo**, c. *domuitio.*

2 **dŏmĭtĭo** *(domo)*, c. *domitura* : Gloss.

1 **Dŏmĭtĭus**, *ii*, m., nom d'une famille romaine, comportant deux branches, les *Calvini* et les *Ahenobarbi* : Cic. ; Cæs., *etc.* ‖ Domitius Marsus [poète latin] : Mart. *2, 71* ‖ adj., v. *Domitia.*

2 **Dŏmĭtĭus**, *ii*, m. *(domus)*, c. *Domiducus* : Aug. *Civ. 6, 9.*

dŏmĭto, *āre*, fréq. de *domo*, tr., dompter, soumettre : Virg. *G. 1, 285* ; Plin. *8, 25.*

dŏmĭtŏr, *ōris*, m. *(domo)*, dompteur, celui qui dom[…], qui réduit, qui dresse [les a[…]aux] : Cic. *Off. 1, 90* ‖ vainq[…], celui qui triomphe de : Cic. […] *35* ; *Rep. 1, 5.*

dŏmĭtrix, *īcis*, f., celle qui dompte [pr. et fig.] : Virg. *G. 3, 44* ; Plin. *36, 127.*

dŏmĭtūra, *æ*. f. *(domo)*, action de dompter, de dresser : Plin. *8, 180.*

des bêtes sauvages, cf. *Off. 2, 14* ¶ 2 vaincre, réduire, subjuguer [pr. et fig.] : *nationes* Cic. *Prov. 5*, dompter les nations ; *terram rastris* Virg. *En. 9, 608*, dompter le sol avec la charrue ; *domitas habere libidines* Cic. *de Or. 1, 194*, tenir les passions sous le joug.

→ pf. *domavi* Porph. Hor. *S. 2, 6. 12* ; *domatus* Petr. *74, 14.*

dōmŭi, parf. de *domo.*

dŏmŭis, gén., v. *domus* →.

dŏmŭĭtĭo, *ōnis*, f. *(domum itio*, cf. Cic. *Div. 1, 68)* retour à la maison : Pac., Acc. *d.* Her. *3, 34* ; *4, 43*, cf. Non. *96, 2.*

dŏmuncŭla, *æ*, f., dim. de *domus*, petite maison, maisonnette ; Vitr. *6, 10* ‖ cabine [de navire] : Gloss.

dŏmŭs, *ūs* (locatif *domi)*, f., ¶ 1 maison, demeure, logis, habitation : *domi* Cic. *Fin. 5, 42*, à la

DOMUS

maison ; *domi nostræ* Cic. *Verr. 2, 5*, chez nous ; *alienæ domi* Cic. *Tusc. 1, 51*, chez un autre ; *domi Cæsaris* Cic. *Att. 1, 12, 3*, dans la maison de César ‖ *domum Pomponii venire* Cic. *Off. 3, 112 (in*

Les jolies illustrations du célèbre dictionnaire latin-français de Félix Gaffiot.

matière fut supprimée en sixième dès 1969.

Dix ans plus tôt, les défenseurs de la Ve République, souhaitant rompre avec le « régime des partis » qui l'avait précédée, avaient entrepris une grande réforme de l'éducation. Cette dernière s'étendit jusqu'à la fin des années soixante-dix. Du décret Berthoin en 1959 à la loi Haby en 1975, l'enseignement français se transforma au gré des évolutions de la société. L'exode rural, l'urbanisation, mais aussi la nouvelle donne économique, entraînèrent l'allongement du temps scolaire. L'âge minimum de la fin des études obligatoires passa de quatorze à seize ans et les collèges d'enseignement secondaires

(CES) furent mis en place. Bien que les enfants fussent désormais rassemblés dans un même lieu, les disparités demeuraient. Ainsi les sections classique et moderne se distinguaient-elles de la section courte et des classes dites « de transition », destinées aux élèves en échec scolaire. Et le fossé séparant les privilégiés des enfants issus de catégories sociales plus défavorisées, se creusait.

La mangeuse de livres

Albert Cohen, l'auteur du fascinant *Belle du seigneur* (1968), est fait chevalier de la Légion d'honneur en 1970.

Mes années collèges furent essentiellement marquées par mes premières lectures. Tous les samedis, ma mère m'accompagnait à la bibliothèque où je renflouais mon stock de livres. J'alternais entre des classiques (*Les Faux-monnayeurs* de Gide, *Le Ventre de Paris* de Zola…) et des parutions récentes (*1984*, l'incroyable texte prémonitoire de George Orwell, *La Plaisanterie* de Kundera…). Le soir, je m'endormais en rêvant aux aventures de Bob Morane et du commissaire Maigret. Mon père répétait pour plaisanter : « Martine ne lit pas les romans, elle les mange ! »

En 1968, Albert Cohen reçut le Grand Prix de l'Académie Française pour son livre *Belle du Seigneur*. Les journaux parlaient de « chef-d'œuvre absolu », de « monstre littéraire », d'« œuvre monumentale capable de déchaîner les passions »… Je l'ai dévoré en une semaine, passant toutes mes nuits à suivre le désespoir passionné de la belle Ariane, déchirée entre la raison et le cœur. Solal, l'amant sublime, était devenu le prince charmant de mes rêves…

La vie littéraire de ces années-là était rythmée par un mouvement né au cours de la seconde guerre mondiale : le Nouveau Roman. Le terme fut créé avec un sens péjoratif par Émile Henriot qui critiqua sévèrement *La Jalousie* d'Alain Robbe-Grillet dans un article du *Monde*, paru en 1957. Loin de désarçonner le romancier, cette appellation lui plut tant qu'il choisit de la récupérer pour promouvoir les auteurs qu'il réunissait autour de lui aux éditions de Minuit, où il était conseiller littéraire. Parmi eux, Michel Butor, Nathalie Sarraute ou encore Claude Simon. Dans son essai *Pour un Nouveau Roman*, publié en 1963, Robbe-Grillet démolit tous les piliers du genre romanesque traditionnel, reléguant au second plan l'intrigue, le portrait psychologique, les personnages et toutes autres conventions littéraires qu'il jugeait parfaitement dépassées. Les figures de proue du Nouveau Roman ne tardèrent pas à rencontrer un vif succès critique : Nathalie Sarraute, en premier, se vit remettre le Prix international de littérature en 1963 pour *Les Fruits d'or*, suivie quatre ans plus tard par Claude Simon dont le livre *Histoire* fut couronné par le jury du prix Médicis.

Les « Trente Glorieuses »

La France traverse alors une époque bénie, avec un taux de croissance économique exceptionnel. Qualifiée à raison par l'économiste Jean Fourastié de « Trente Glorieuses » (1979), cette période est marquée par un chômage très faible. En Europe, seuls 2 % de la population ne travaillent pas. Ce petit miracle de prospérité, qui dure de 1946 à 1975, s'explique par plusieurs raisons. En l'espace de trente ans, la population française passe de 39,7 millions d'habitants à 52,4 millions, soit autant qu'entre 1700 et 1945. Pour loger tout ce beau monde, il faut construire, encore et encore. En France, le nombre de logements passe de 58 000 en 1949 à 422 000 en 1967. Dans le même temps, l'Hexagone connaît une forte inflation, et tandis que la valeur du franc baisse, les prix augmentent petit à petit. Les entrepreneurs n'hésitent pas à investir en masse, conscients du risque qu'ils prendraient en laissant passer le train de la « révolution silencieuse » sans monter dedans. Mais l'ivresse économique est de courte durée. Bientôt, le taux de fécondité française diminue. Le pays vieillit d'un seul coup. Dès le milieu des années soixante-dix, il traverse de grosses difficultés financières, accélérées par les chocs pétroliers de 1974-1975 et 1979. Les « Trente Glorieuses » laissent alors place à une période bien moins prospère : les « trente piteuses ».

Gainsbourg et Birkin chantent et dansent la décadence.

Gainsbourg : l'anti-yéyés

Ce sont les femmes qui l'ont révélé au grand public. D'abord celles pour qui il a composé, puis celles dont il est tombé amoureux. Difficile aujourd'hui d'imaginer le peu de notoriété que connaissait Serge Gainsbourg dans les années soixante. Il aura fallu que d'autres interprètent ses textes pour que l'homme à la tête de chou connaisse ses premiers succès. C'est en écrivant pour Juliette Gréco (« La Javanaise »), Petula Clark (« La Gadoue ») et Françoise Hardy (« Comment te dire adieu ») que cet ancien élève des Beaux-Arts fait enfin parler de lui.

À ce titre, sa rencontre avec France Gall est déterminante. Après avoir chanté « N'écoute pas les idoles » et « Laisse tomber les filles », la jeune ingénue choisit d'interpréter en 1965 « Poupée de cire, poupée de son » à l'Eurovision. Le titre signé Gainsbourg remporte le grand prix du concours et devient l'un des tubes de l'année. Fort de ce succès, le compositeur continue sur sa lancée en offrant un an plus tard à son poulain le titre sulfureux « Les Sucettes à l'anis ». La même année, il prend la pose, comme par erreur, sur le célèbre cliché de Jean-Marie Perrier publié dans Salut les copains, où toutes les idoles de la chanson française sont réunies.

En 1967, Gainsbourg vit une véritable passion avec Brigitte Bardot pour qui il imagine « la plus belle chanson d'amour ». « Je t'aime… moi non plus » ne sort pas tout de suite, à la demande de B.B. Quitté par la belle au bout de quelques semaines, Gainsbourg sombre dans la déprime. Mais en 1968, sur le tournage du film Slogan de Pierre Grimblat, une rencontre change le cours de sa vie. Tout juste débarquée d'Angleterre, la jeune et jolie Jane Birkin devient sa maîtresse, sa muse, son inséparable. Le mythe Gainsbourg est né.

Le grenier papillons

Le collège fut également synonyme d'expériences scientifiques. En sciences naturelles, nous faisions de l'« élevage d'animaux », une expression un peu exagérée pour désigner l'analyse succincte de l'évolution d'un poisson rouge et d'une vingtaine de vers à soie.

Le soir, les élèves « de service » avaient pour mission de ranger la classe, d'effacer les tableaux noirs et de nourrir les animaux. Un soir où c'était mon tour, et où ces tâches me rebutaient plus qu'à l'ordinaire, j'ai donné trop de daphnies au poisson rouge. Quelle ne fut pas ma surprise quand je l'ai retrouvé, le lendemain matin, flottant à la surface de l'eau !

L'année suivante, nous avons pris la liberté d'emprunter quelques vers à soie et une poignée de têtards. Je les avais installés confortablement dans le grenier de la maison où je montais chaque soir pour les regarder. Les têtards se sont rapidement transformés en petites grenouilles. Elles sautaient dans tous les sens et ma mère m'obligea à les relâcher le jour où elle en retrouva une dans une chambre.

Les vers à soie, eux, se transformèrent en jolis papillons, au grand bonheur de mes parents qui rebaptisèrent le grenier, « le grenier papillons ».

Un soir, en essayant de « faire ronfler le feu » pour nous réchauffer un peu, je fis littéralement exploser la cheminée. Les murs étaient couverts d'une épaisse couche de

L'observation des grenouilles.

La cuisine est souvent la seule pièce chauffée de la maison.

suie noire, mais contrairement à ce que j'imaginais, mes parents ne nous grondèrent pas à leur retour. L'hiver, nous faisions de grandes économies de bois pour éviter d'être à court avant que les beaux jours n'arrivent. La pièce principale de la maison était la seule à être chauffée. Le soir, notre mère faisait bouillir de l'eau pour remplir des bouillotes en caoutchouc qu'elle emmaillotait dans un chiffon pour nous éviter les brûlures. Nous montions dans notre chambre pour nous glisser dans les draps glacés, les pieds fermement serrés contre ce puits de chaleur. À l'époque, les enfants, comme les adolescents du reste, se couchaient très tôt. Nulle négociation ne pouvait changer cette règle.

Dans mon esprit comme dans la mémoire collective, mes années de quatrième et troisième restent liées aux événements qui bouleversèrent la France en mai 1968. Tout le monde ne parlait que de ces étudiants qui occupaient le Quartier latin à Paris. Meetings de protestation, barricades, cocktails Molotov, voitures incendiées, avenues dépavées… pendant plusieurs semaines, la presse ne titrait que sur ces sujets et les reporters photographes s'en donnaient à cœur joie. Certaines images resteront à jamais gravées dans nos mémoires, à l'instar de cette photo représentant un jeune étudiant passé à tabac par les forces de police.

Plusieurs essais, parus en 1967, nourrirent l'esprit des évènements de Mai 68, parmi lesquels *La Société du spectacle* de Guy Debord dont ma tante, farouchement communiste, se plaisait à lire des « morceaux choisis » en famille, le dimanche après-midi. À l'écart des conversations adultes, feignant d'apprendre mes leçons, je l'écoutais d'une oreille plus qu'attentive parler de « fétichisme de la marchandise » et d'« aliénation de la société de consommation », autant de concepts que je ne comprenais pas, mais qui me fascinaient. Mai 68 marqua une véritable rupture au sein de la société française. La multiplication des biens de consommation et les écarts de rémunérations avaient engendré bon nombre de frustrations, notamment dans les campagnes. Tandis que l'exode rural s'accélérait, le pays se défaisait peu à peu de ses traditions. La religion, la famille et le sens du devoir laissèrent place à de nouvelles valeurs basées sur l'émancipation. Vingt ans après la fin de la seconde guerre mondiale, la France connaissait une nouvelle libération.

Des étudiants manifestent à Paris en mai 1968…

Au village, seuls quelques jeunes prêchaient pour la paroisse de la révolution, plus par snobisme que pas conviction. Nous les écoutions d'une oreille distraite car à l'époque une seule chose comptait vraiment pour nous : le brevet d'études générales. Créé en 1947 sous le nom de brevet d'études du premier cycle du second degré (BEPC), ce diplôme avait perdu beaucoup de valeur en l'espace de vingt ans. Autour de nous, beaucoup répétaient qu'il ne servait à rien et que nous ne pourrions envisager sérieusement d'arrêter nos études à ce niveau. Ces questions ne se posaient pas vraiment dans mon cas : je savais déjà que je voulais devenir institutrice et qu'il me faudrait poursuivre ma scolarité. Je passai l'ensemble des épreuves haut la main, et obtins aussi mon brevet sportif, un exploit quand on sait à quel point je détestais l'endurance. Pour fêter mes résultats, mes parents organisèrent un grand pique-nique à la campagne : toute l'après-midi fut ponctuée de nos chants et de nos éclats de rire.

Un tour de poney inoubliable, offert en récompense de nos bons résultats.

Le tag révolutionnaire entre dans l'histoire.

Il est interdit d'interdire

Au début des années soixante, le monde trouve son icône révolutionnaire en la personne d'Ernesto « Che » Guevara. Le guérilléro argentin, exécuté le 9 octobre 1967, incarne encore aujourd'hui l'une des plus grandes figures de la liberté aux yeux de millions de jeunes, qui arborent fièrement son visage sur leurs t-shirts. En France, les années soixante sont surtout marquées par un événement majeur qui surprend autant qu'il déstabilise la classe politique. En 1968, le double mouvement étudiant et ouvrier qui éclate au mois de mai apparaît aujourd'hui comme une parenthèse enchantée où l'utopie, la révolution joyeuse et l'envie de changer le monde règnent en maîtres. Les murs de la capitale sont couverts de nombreux graffitis, dont certains sont entrés dans l'histoire : « Sous les pavés la plage », « Il est interdit d'interdire » ou encore « Jouissez sans entraves ». La jeunesse a des envies de liberté, d'insouciance et de folies. Ces nouvelles valeurs sont prônées comme une religion et traduites en musique par l'avènement du rock, qui fait une entrée fracassante dans le cœur des Français. De nombreux groupent règlent leur pas sur celui d'Elvis Presley : The Beatles, The Rolling Stones, The Who… Le monde suit désormais une nouvelle doctrine, formulée par le chanteur Ian Dury : « Sex, drugs and rock 'n' roll ».

Étoile montante

On a marché sur la Lune.

Objectif Lune

Juillet 1969. Tous les habitants du village s'étaient réunis dans la salle des fêtes pour assister ensemble à un événement historique. Il faisait très chaud ce jour-là. Sous nos yeux ébahis, défilaient en boucle les images filmées la nuit précédente par une caméra fixée sur le module lunaire Eagle. Il était là, en combinaison blanche, un casque sur la tête : Neil Armstrong, le premier homme à marcher sur la Lune.

Quinze ans plus tôt, Hergé avait publié deux albums au contenu prémonitoire : *Objectif Lune* et *On a marché sur la lune*. Mais à présent, le rêve laissait place à la réalité : Tintin n'était plus le seul à avoir conquis l'espace. Pendant les semaines qui suivirent, tout le monde ne parlait que de l'exploit américain. Quant à moi, je passais mes nuits à la belle étoile, allongée sur le sol, les yeux tournés vers le ciel. Je m'imaginais là-haut, regardant la Terre comme un objet miniature.

Chronologie

6 janvier 1969
Jacques Brel, Georges Brassens et Léo Ferré sont réunis par le magazine *Rock & Folk* et la radio RTL pour un entretien croisé.

21 juillet 1969
Dans le cadre de la mission spatiale Apollo 11, l'astronaute Neil Armstrong est le premier homme à poser le pied sur la Lune. L'événement est retransmis dans le monde entier.

15 août 1969
Premier jour du festival de Woodstock. Organisé pour accueillir 50 000 spectateurs, il rassembla finalement plus de 450 000 personnes, venues fêter en musique la culture hippie et le *flower power*.

20 novembre 1969
Après la révélation du massacre de plusieurs centaines de vietnamiens dans le village de My Lai, une manifestation réunit 250 000 personnes dans les rues de Washington, contre la poursuite du conflit au Vietnam.

13 avril 1970
« Houston, we have a problem » : un réservoir d'oxygène du module de service Apollo vient d'exploser. La mission lunaire Apollo 13 est interrompue. L'équipage sera sauvé.

9 novembre 1970
Un an et demi après sa démission, le général de Gaulle meurt à Colombey-les-Deux-Églises, où il est inhumé.

11 juin 1971
Le 58e congrès du SFIO s'ouvre à Épinay-sur-Seine. François Mitterrand devient secrétaire général du tout nouveau Parti Socialiste (PS).

20 décembre 1971
Orange Mécanique de Stanley Kubrick est projeté pour la première fois à New York.

Mars 1972
Mis au point par l'ingénieur Ray Tomlinson, le premier message électronique est envoyé.

17 juin 1972
Cinq « cambrioleurs » transportant du matériel d'écoute sont arrêtés par la police dans l'immeuble du Watergate abritant le siège du Parti démocrate américain. Ce scandale entraînera deux ans plus tard la démission du président Richard Nixon.

Tous les garçons et les filles de mon âge…

En route vers le pensionnat

En septembre, je fis mon entrée au lycée de jeunes filles. À l'époque, la mixité n'était pas obligatoire dans les établissements du primaire et du secondaire, et si le mélange des garçons et des filles était toléré dans les petites classes depuis le milieu des années soixante, il paraissait encore impensable au lycée. Depuis le début du siècle, les disparités de genre s'étaient considérablement réduites et tous les jeunes recevaient désormais le même enseignement. Toutefois, l'on jugeait bon de ne pas titiller les hormones des adolescents qui devaient avant tout se consacrer à leurs études et à la préparation du baccalauréat. Il fallut attendre 1975 et la création des collèges uniques pour que la mixité scolaire devienne obligatoire.

Cette année-là, nous fûmes donc séparés de nos camarades masculins, mais aussi d'un bon nombre d'amies qui avaient choisi de suivre une voie différente de la nôtre. Depuis quelques années, les lycées étaient divisés en trois enseignements : classique, moderne et technique. Plusieurs élèves du collège avaient souhaité intégrer un lycée technique d'État pour entrer plus vite dans la vie active. Cette formation existait déjà sous le nom d'École nationale professionnelle et remplissait à peu de choses près le même rôle : former efficacement et rapidement les jeunes aux métiers des secteurs industriel et tertiaire.

De mon côté, j'intégrai une voie plus classique. Notre village n'étant pas assez grand pour être doté d'un lycée, je fus, comme bon nombre d'enfants de l'époque, placée en internat. En 1969, Gainsbourg et Jane Birkin interprétaient une chanson au titre sulfureux, « 69, année érotique », mais dans mon esprit, cette année fut surtout marquée par ma découverte du pensionnat, de ses règles très strictes et de ses petits avantages. Cet avant-goût d'indépendance me fit faire un bond de plusieurs années vers l'âge adulte. Je garde un souvenir amer des voyages en car que j'effectuais aux côtés d'une camarade. Elle avait conservé de son enfance montagnarde une fâcheuse habitude qui me dégoûtait : elle mangeait des tartines de fromage à l'ail au petit-déjeuner...

Toutes les mêmes !

Le jour de la rentrée des classes, nous fûmes accueillies par la nouvelle directrice du pensionnat, dont la réputation n'était plus à faire. Elle avait été recrutée afin de « remettre de l'ordre ». Et c'est bien ce qu'elle fit ! Mine sévère, teint pâle, visage en lame de couteau, ce squelette vivant ne décrocha pas un sourire au cours de nos trois années de scolarité.

Toutes les élèves du lycée portaient un uniforme. La plupart des établissements ne l'imposaient plus depuis 1968, mais cette directrice jugeait son port indispensable. Mise à part notre chemise blanche qui devait toujours être impeccablement repassée, le reste de nos vêtements était de couleur bleu marine : jupe plissée, veste trois-quarts, chaussures et béret. Nous étions vêtues ainsi tous les jours de la semaine, y compris le jeudi, quand nous n'avions pas cours. Cette journée était libre ou presque, puisque nous n'avions le droit d'aller nous balader qu'en présence des pionnes – et aucune de nos folles tentatives pour semer ces cerbères n'aboutirent.

Les filles attachent de plus en plus d'importance à leur apparence.

Des sourcils parfaits

La classe de chimie du lycée n'avait rien à voir avec celle du collège. Notre professeur était obnubilé par les découvertes scientifiques et il n'était pas le seul. Pour les chercheurs, les années soixante-dix furent synonymes de grandes évolutions tant dans le domaine de la médecine que dans ceux de la génétique, de la physique, de l'informatique ou encore de la biochimie. En l'espace de cinq ans, l'homme marcha sur la Lune, découvrit le fossile de Lucy, l'un de ses plus lointains ancêtres, développa ses recherches sur la biologie moléculaire et envoya son premier e-mail. Nous écoutions notre professeur nous parler de toutes ces avancées sans pour autant en mesurer le véritable impact. Nos esprits adolescents étaient davantage préoccupés par l'examen de fin de trimestre, durant lequel nous devions disséquer une grenouille à l'aide d'un petit scalpel en argent. Alors que le collège nous avait appris à étudier la vie des rainettes, le lycée nous enseignait la façon la plus cruelle de les tuer.

Malgré la difficulté du travail scolaire et le climat austère qui régnait entre les murs du pensionnat, mes années de lycée furent également marquées de rencontres amicales et de vrais bonheurs.

Chaque moment libre de nos journées était consacré à notre passe-temps favori : l'épilation. Adossées au mur du lycée et munies de petits miroirs, nous accordions à nos sourcils bien plus d'attention qu'à nos leçons de latin.

Vers seize heures, on nous distribuait un goûter, généralement un morceau de pain et une barre de chocolat. Rangées en ligne sous le mur du perron, nous redoublions d'ingéniosité pour attraper au vol le morceau de pain que les pionnes nous lançaient. Il arrivait parfois que ce dernier tombe sur le sol et nous devions alors le manger recouvert de poussière. Les règles étaient très strictes dans l'enceinte du pensionnat, mais nous avions appris, avec le temps, à les contourner. Le soir, dans le dortoir, après la ronde pendant laquelle nous faisions semblant de dormir, nous nous retrouvions toutes sur le lit de la « chef de bande » pour deviser de tout et de rien jusqu'au beau milieu de la nuit.

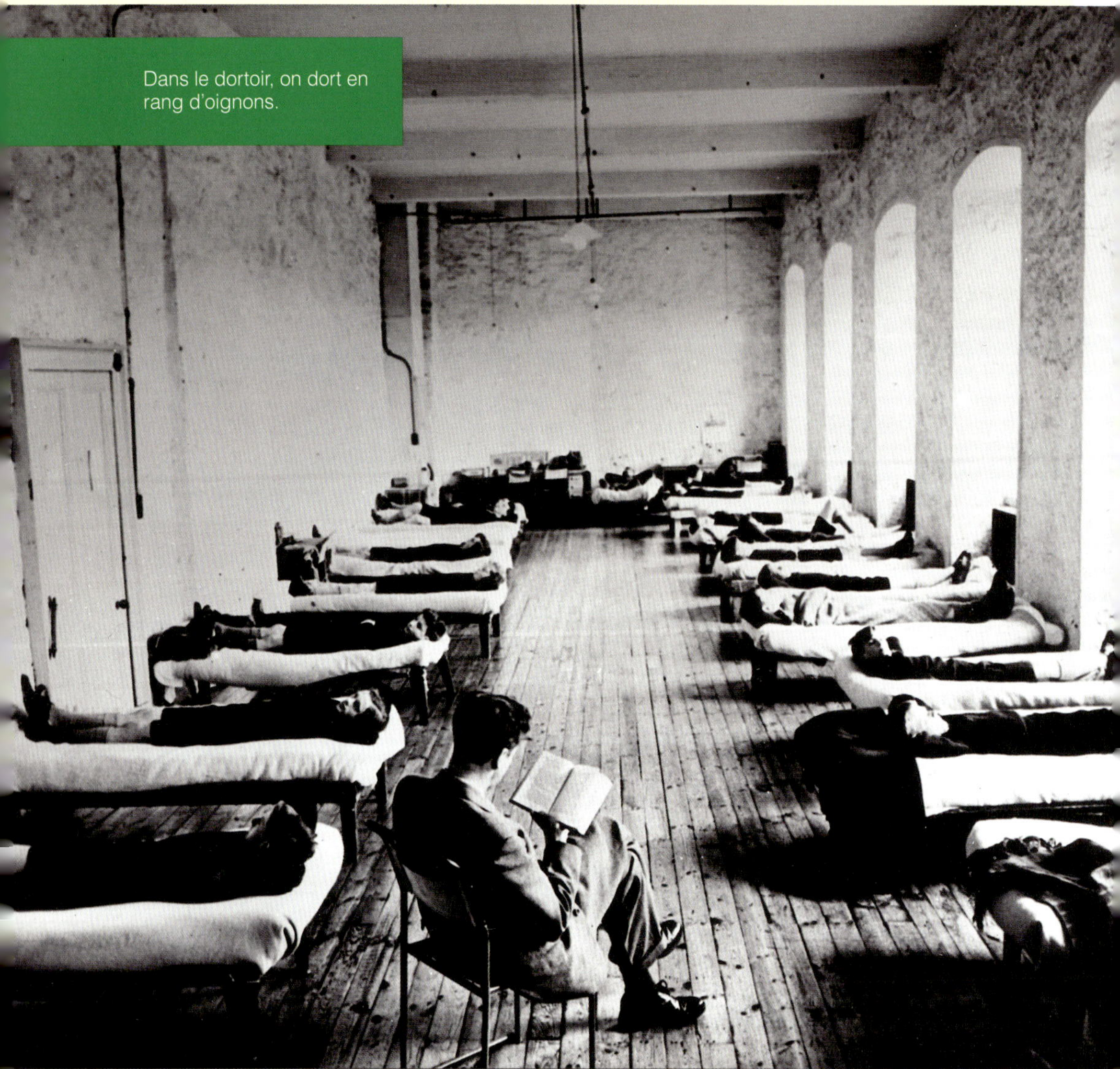

Dans le dortoir, on dort en rang d'oignons.

La presse se presse

Les années cinquante voient naître de nouveaux titres de presse écrite, devenus depuis des journaux de référence. Au mois d'avril 1950, Gilles Martinet, Roger Stéphane et Claude Bourdet sortent le tout premier numéro d'un journal acide, fortement engagé à gauche. Baptisé dans un premier temps L'Observateur*, il connaît de lourdes difficultés financières et porte successivement les noms d'*Observateur aujourd'hui *et de* France Observateur*, avant d'être relancé en 1964 par Claude Perdriel.* Le Nouvel Observateur *tel que nous le connaissons aujourd'hui naît à ce moment-là. Conservant ses tendances socialistes et son esprit contestataire, il crée la polémique le 5 avril 1971 en publiant le « Manifeste des 343 », pétition en faveur de l'avortement, signée par 343 femmes qui affirment avoir eu recours à l'IVG alors que cette pratique n'était pas encore légalisée.*

*Trois ans après la création de l'*Observateur*, Jean-Jacques Servan-Schreiber et Françoise Giroud lancent* L'Express*, un supplément hebdomadaire du quotidien* Les Échos.

En 1970, alors que Servan-Schreiber démissionne pour devenir secrétaire général du Parti radical, plusieurs journalistes quittent la rédaction pour fonder un journal concurrent : Le Point. *Cette année marque également la disparition du quotidien « bête et méchant »* Hara Kiri*, créé dix ans plus tôt par le provoquant Professeur Choron. Mensuel jusqu'en 1985,* Hara Kiri *s'était engouffré dans la voie ouverte au début du siècle par le célèbre* Canard Enchaîné.

*Malgré l'arrêt d'*Hara Kiri*, le genre satirique continue de connaître un vif succès dans les kiosques, s'imposant peu à peu comme le principal adversaire du gouvernement en place.*

Janis Joplin, icône du rock et de la mode.

Flower Power

Dès que je rentrais à la maison, j'ôtais mon uniforme de lycéenne pour enfiler un blue-jean. Ce dernier incarnait la révolte des jeunes générations qui l'associaient souvent à un blouson en cuir noir pour imiter James Dean. Les *sixties* virent arriver de nouveaux modèles, le chic ultime étant de customiser soi-même son pantalon. Interdits dans l'enceinte du pensionnat, les blue-jeans se multipliaient dans les rues. Je portais le mien à la façon de ma nouvelle idole, Janis Joplin : légèrement délavé et accessoirisé d'un foulard en guise de ceinture.

Les « pattes d'eph' » écrasent tous les autres styles.

Le rock s'envole avec les Rolling Stones.

Mon « pattes d'eph' » faisait sensation auprès de mes amies, beaucoup moins aux yeux de mes parents qui, à mon grand regret, ne semblaient rien comprendre à la mode et à la doctrine du *flower power*.

Chaque samedi matin, un van s'installait au milieu du village. Un trentenaire moustachu y vendait des disques vinyles venus de Paris. Toutes nos économies y passaient. The Doors, Jimi Hendricks, Bob Dylan… cette époque fut marquée par nos premiers chocs musicaux.

Mes parents détestaient cette « musique de sauvages » et me conseillaient régulièrement de prendre exemple sur la fille de la voisine, qui écoutait les yéyés. À leur grand désarroi, mon seul intérêt pour les chanteurs français de cette génération était tourné vers Jacques Dutronc, que j'appréciais d'ailleurs davantage pour son allure que pour ses chansons.

La France se met au vert

La révolution industrielle à l'œuvre pendant tout le XXe siècle, associée à la croissance économique, favorise une industrie lourde et gourmande de richesses naturelles. À partir des années cinquante, les premières catastrophes écologiques (marées noires, pollution de l'air et de l'eau…), bientôt suivies par deux chocs pétroliers, commencent à sensibiliser l'opinion publique et les classes politiques aux questions environnementales. En France, plusieurs mesures, comme la loi de 1960 à l'origine des parcs nationaux, ou celle sur l'eau datant de 1964 et fondée sur le principe avant-gardiste « pollueur-payeur », témoignent de l'intérêt porté à ces questions. Si le concept de biodiversité n'a pas encore l'importance qu'il a acquise à partir des années deux-mille, il occupe pourtant bon nombre d'esprits inquiets. C'est dans ce contexte qu'est créé en janvier 1971, sous l'égide du gouvernement de Jacques Chaban-Delmas, le ministère de Protection de la nature et de l'Environnement, dont le premier titulaire est Robert Poujade. À l'époque ce nouveau portefeuille, qui ne représentait que 0,1 % du budget de l'État, avait pour mission principale de coordonner les efforts des autres ministères. Avec le temps, son importance a grandi au rythme des catastrophes écologiques et des prises de conscience éco-citoyennes que celles-ci ont entraînées.

Et Vadim créa Bardot.

La révolution sexuelle

Le mouvement de libération des femmes a sans doute commencé pendant la seconde guerre mondiale, lorsque les épouses ont dû endosser le rôle de leurs maris, partis au front. Elles acquièrent alors un nouveau statut dans la société, réaffirmé le 21 avril 1944 lorsque le Comité français de la libération nationale (CFLN) leur accorde enfin le droit de vote. Au fil du temps et des lois, les femmes s'émancipent peu à peu, sortant de leur cuisine pour goûter aux joies de la liberté – liberté d'exercer un métier, mais aussi de jouir de leur corps comme bon leur semble.

À l'aube des années soixante-dix, une véritable révolution sexuelle éclate en France. En légalisant la contraception en 1967, le gouvernement de Georges Pompidou reconnaît la sexualité non procréative. Fini le temps du « devoir conjugal », on parle désormais de désir et surtout, de plaisir. Les mœurs sexuelles évoluent à mesure que les jupes des femmes raccourcissent. L'érotisme s'immisce dans toutes les strates de la société, nourrissant dans un premier temps la littérature et le cinéma, avant de révolutionner la télévision. Les vedettes laissent place à un nouveau genre de célébrités : les sex-symbols. En 1956, le film de Roger Vadim Et Dieu… créa la femme *révèle Brigitte Bardot au grand public. Marilyn Monroe, Jane Fonda, Sophia Lauren… les beautés du 7e art affichent autant leur talent que leurs formes généreuses. Quelques années plus tôt, en 1953, Hugh Hefner a créé le mensuel* Playboy*, bientôt suivi par les magazines* Penthouse *et* Hustler*. Longtemps tabou, le sexe prend désormais une place importante dans les conversations.*

Jacques Dutronc, le gentleman cambrioleur des yéyés.

Passe ton bac d'abord !

Au printemps 1972, les élèves du pensionnat n'avaient qu'un mot aux lèvres : baccalauréat. L'épreuve anticipée de français en première étant instaurée depuis sept ans, nous avions déjà passé un écrit et un oral l'année précédente. Un avant-goût du « bachot » certes, mais qui ne calmait en rien notre angoisse de ne pas être reçues. Pourtant, le diplôme, autrefois réservé à une élite, se banalisait déjà de plus en plus. À la fin des années soixante-dix, 20 % des membres d'une même classe d'âge l'obtenaient, un chiffre dérisoire au regard des 80 % actuels. Alors qu'il ne comportait qu'une seule partie et quatre options (philosophie, sciences expérimentales, mathématiques/technique et sciences économiques) au début des années soixante, l'examen évolua en 1968 et s'enrichit de nouvelles séries d'épreuves : A (lettres et philosophie), B (économique et social), C (mathématiques et sciences physiques), D (mathématiques et sciences de la nature), E (mathématiques et technique).

Les élèves de la classe A, dont j'étais, avaient un programme très chargé en philosophie. Nous passions des heures le nez plongé dans nos leçons et dans les annales Vuibert pour tâcher de comprendre les concepts obscurs de Bergson, Husserl et consorts.

Depuis deux ans, de nouvelles options avaient fait leur apparition : les arts plastiques et l'éducation musicale. Peu douée en dessin, j'avais opté sans conviction pour la musique. Un choix qui s'avéra judicieux puisque mon excellente note à l'épreuve de « lecture du solfège » me permit de gagner les quelques points qui me manquaient pour obtenir une mention. Dans le lycée de jeunes filles, plus de la moitié des élèves furent reçues à l'examen. Chacue fêta les résultats à sa manière, une question vissée à l'esprit : qu'allions-nous devenir à présent ?

Nous savions que cet été marquerait la fin d'une époque et qu'en septembre, rien ne serait plus jamais comme avant. Il était temps de quitter le village et de s'éloigner définitivement du cocon familial pour rejoindre les grandes villes, intégrer une université ou entrer dans la vie active. Là-bas, tout paraissait plus grand, même nous.

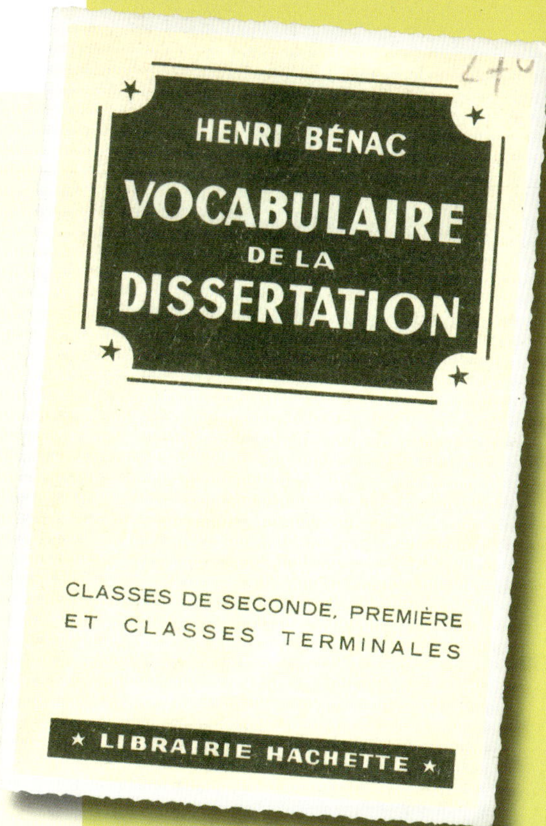

Règle n°1 : varier le vocabulaire des dissertations de philo.

Le dernier été de notre insouciance.